Contents
目次

はじめに　木下通子	2
トークセッション：ゲスト紹介	6
トークセッション：谷口忠大	8
トークセッション：稲葉　順	20
トークセッション：杉江由次	26
トークセッション：Q&A	32
資料1：祝辞から　長谷川優子	57
資料2：来場者名簿	60
資料3：書評『読みたい心に火をつけろ！』　飯田寿美	62
おわりに　木下通子	64
あとがきに代えて　玉井　敦	68

「学校司書のいる図書館へ，いま，期待すること
　　『読みたい心に火をつけろ！』出版記念トークセッション」

日時：2017年7月1日（土）
会場：さいたま市民会館うらわ　101集会室

はじめに

木下　通子　埼玉県立春日部女子高等学校　主任司書
『読みたい心に火をつけろ！』著者

　学校という社会は，とても閉鎖された社会です。

　学校の外の方からみると，学校は入りづらく，敷居の高い場所のようです。

　私が埼玉の高校司書として，学校図書館に勤めだしたのが1985年。

　当時，高校図書館には司書が配置されていましたが，小・中学校図書館はお金も人もなく，暗くて古い本ばかりで開いていないという状況でした。1990年代に入り，鍵がかかっていて利用できない学校図書館の現状をなんとかしたい，子どもたちの「知る権利」，「読書の自由」を守りたいと，地域で家庭文庫を主催しているお母さんたちが，「小・中学校図書館に『人』を置く運動」に取り組み始め，私も現場の司書として，その運動に参加しました。地域に根差した運動の成果と子どもたちへの思いから，全国各地に学校図書館を考える会が生まれ，身分は不安定ながらも少しずつ学校図書館に「人」が配置され始めました。そして，この10年近く「学校図書館」はどんな場所であるのか，どんな学校司書にいてほしいか，学校図書館に「人」を置く運動を進める方たちといっしょに，その在り方について論議してきました。

　2014（平成26）年に学校図書館法が一部改正され，学校司書が法律に位置づけられました。法律の中で学校司書は，「児童生徒及び教員による利用の一層の促進に資するため，司書教諭等と連携しながら，その機能向上の役割を担う専ら学校図書館の事務に従事する職員」として定められ，学校に置くように努めることとされました。この法律は2015（平成27）年4月1日から施行となっていますが，2年経った今も，各自治体での学校司書の配置も含め，学校図書館の現状は法律改正後も大きく変わっていません。

　拙著，『読みたい心に火をつけろ！』（岩波ジュニア新書，2017）では，学校図書館の現場の活動のこと以外に，外の世界とつながった大きな2つの取り組み

を書きました。「ビブリオバトル」と，「埼玉県の高校図書館司書が選んだイチオシ本」です。「学校図書館」を軸に，教師と，他校と，公共図書館と，出版社と，作家と，地域の書店と，地域の読者とつながることで，学校の外の人が，学校図書館になにを期待しているかを知りたいと思うようになりました。学校の外にいるみなさんと交流しているうちに，発想の違いを感じるようになりました。また，反対に，学校関係者でも，学校関係者でなくても，「本」を通してつながっていける。学校司書が学校と外の世界をつなげていくと，学校図書館の活動はもっと面白くなっていくのではないかと考えるようになりました。

　そこで，このトークセッションでは，学校の外にいる「本」でつながっている3人の方にご登壇をお願いしました。ビブリオバトルの発案者である立命館大学の谷口忠大氏。株式会社リブロ東日本第3エリア長の稲葉順氏。NPO本屋大賞実行委員会理事で，本の雑誌社の杉江由次氏の3人です。3人のみなさまには，ご自分の読書体験や現在のお仕事とのかかわりを通して，学校図書館について語っていただきました。

　記録をまとめるうちに，学校の中にいるみなさんや「図書館」でつながっているみなさんに，この記録を読んでいただきたいという気持ちが強くなりました。そこで，総合的な全国組織として，日本の図書館を支えている日本図書館協会に出版の企画をご相談し，今回，ブックレットとして形にしていただくことができました。出版社の枠を越え，学校図書館への思いがつながってくれたことに深く感謝いたします。

　「学校司書のいる図書館」へ，なにが期待されているのか。会場に集まってくださった各界のみなさんとのやりとりとともに，ぜひ，お楽しみください。

学校司書のいる図書館に いま、期待すること

『読みたい心に火をつけろ！』出版トークイベント

トークセッション★ゲスト紹介

●谷口　忠大（たにぐち ただひろ）氏

一般社団法人　ビブリオバトル協会代表理事
立命館大学情報理工学部教授
『ビブリオバトル 本を知り人を知る書評ゲーム』文春新書，
他，著作・監修多数

●稲葉　順（いなば じゅん）氏

株式会社　リブロ
東日本第3エリア長

●杉江　由次（すぎえ よしつぐ）氏

NPO法人　本屋大賞実行委員会理事
本の雑誌社
『サッカーデイズ』小学館文庫，他

木下　通子

　ここからはトークセッションに入っていきたいと思います。

　今回の「岩波ジュニア新書」は5章だてになっていますが，そのうち，ビブリオバトルで一章，「埼玉県の高校図書館司書が選んだイチオシ本」で一章書かせていただいています。本の中で，この2つのテーマが大きい位置をしめています。そこで，このテーマに関連する3人の方をお招きました。まず，最初に15分ずつそれぞれにお話をいただき，そのあと会場の方から質疑をうけて，トークセッションという形でみなさんと情報交流をしていきたいと思いますので，どうぞよろしくお願いします。

　まず最初にお話ししていただきますのが，みなさんもよくご存じのビブリオバトルの考案者であります立命館大学の谷口忠大先生です。実は谷口先生には3年ほど前に埼玉県に一度来ていただいてビブリオバトルの講習をしていただきました。私たち埼玉の人間はとてもまじめなので，それまでビブリオバトルは型にはまってきちんきちんとやっていかないといけないと思っていたんですね。ところが，本にも書きましたが，谷口先生の講演をうかがって，いっしょにビブリオバトルをやって，肩の力が抜けて，それから子どもたちとビブリオバトルやるときにすごく気持ちが楽になった経験をしています。

　では谷口先生よろしくお願いします。

谷口　忠大

　ご紹介ありがとうございます。こんにちは，立命館大学の谷口です。
よろしくお願いします。

　まずは，木下さん出版おめでとうございます。本書の2章ではビブリオバトルのことについて，大変たくさんご紹介いただいてありがとうございました。うれしいです。

　さっそくですがみなさん，ちょっと，本書（『読みたい心に火をつけろ！』木下通子著）の76ページを開いていただけますでしょうか？　ここに「谷口忠大先生との出会い」と，書かれているわけですね。私自身，自分の著書はさまざま書いてきましたが，私自身と誰かの出会いを本の中で紹介していただくということはさすがに初めてですので，大変貴重な経験です（笑）。

　特に77ページのところに大変印象深いところがありまして……，読ませていただきたいと思います。私が以前，木下先生に呼ばれて埼玉県でビブリオバトルに関するワークショップを実施した際のことが書いてあります。その場所で，私自身もビブリオバトルで本の紹介をしたんですが，そのときの話が書かれておりまして……。

　「『谷口先生とビブリオバトル』というワークショップでは，各グループから勝ち上がった何人かと谷口先生が最後対決しました。参加者はみんなどこかで谷口先生がチャンプになるだろうと思っていました。ところが，谷口先生のビブリオバトルはグダグダでした。」

　……「谷口先生のビブリオバトルはグダグダでした」（苦笑）。しかし，ここから木下先生の華麗なフォローが入っていまして，

　「今から考えると参加者のハードルを下げるためにグダグダのビブリオバトル

をされたのかもしれません。谷口先生のグダグダのビブリオバトルを見た私は，なんだビブリオバトルって簡単じゃん。練習しなくても思ったことを言えばいいんだ。本が好きなら伝わるんだと思いました。」

というふうに心優しくフォローしていただいているんですね。ただ，一つ言いますと，あれは「ガチ」でした（一同，笑）。とはいえ，ビブリオバトルをみんなにやってもらおうとする際には「ハードルを下げる」ことがなによりも大切ですので，僕がグダグダだったのがお役に立てていたなら，なによりです（笑）。

　さてさて，今日の私からの話というのは，講演タイトルにすでに結論を書かせてもらいましたが，「学校図書館でこそ，ビブリオバトルは輝き，子どもたちに笑顔と成長を与えるものである」ということです。今日は「ぜひ，ビブリオバトルの話を！」と木下さんに振っていただいたんですが，どうも参加者の名簿とか見せていただくと，みなさんほとんどビブリオバトルについてはすでにご存じなようですね。「素晴らしいなぁ」と思うとともに，ちょっとハードルが上がっているのを感じつつ，お話させていただくことを大変楽しみにさせていただいております。

　ビブリオバトルの話に入る前に，私自身のバックグラウンドなんですが，京都大学の機械系の物理工学科というところの出身です。そこで博士号を取得しています。バリバリの理系なんですね。いま，人工知能が大変なブームになっています。私自身，ビブリオバトルの発案者であるとともに，一方で，人工知能の研究者という顔を持っています。しかし，「じゃあ，谷口のメインの研究テーマを一言で言えば何なんだ？」と聞かれると，「人工知能」という言葉よりも，「創発システム」という言葉こそが私自身の関心のコアになっています。詳しい話は長くなるんでやめておきますが，人工知能も創発システムという視点でこそ初めて実現されると考えています。

　創発システムの研究の関心の一つとして，「コミュニケーションの場の仕組み」をつくるということに関心を持って取り組んできました。コミュニケーションの場をうまくつくれば，集まる人たちが自然にコミュニケーションし，ヤイ

のヤイのとやっているだけで，生産的で創造的ななにかが生まれてくる。そういう仕組みをデザインしていくことで，世の中のコミュニケーションをよくしていきたいなというモチベーションがあります。そういう発想の一つの成功事例として，生み出されたゲームの一つがビブリオバトルかな，と考えています。

　あらためて「ビブリオバトルってなんやねん？」というあたりから説明させていただきたいと思います。ビブリオバトルというのは，たった四箇条の公式ルールで表現されるゲームです。

＜ビブリオバトル公式ルール＞

1．発表参加者が読んで面白いと思った本を持って集まる．

2．順番に一人 5 分間で本を紹介する．

3．それぞれの発表の後に参加者全員でその発表に関するディスカッションを 2〜3 分行う．

4．すべての発表が終了した後に「どの本が一番読みたくなったか？」を基準とした投票を参加者全員一票で行い，最多票を集めたものを『チャンプ本』とする．

　まず「発表者が読んで面白いと思った本を持って集まる」というルールがあります。みなさん「面白いと思った本」ですからね！「面白くないと思った本」はダメですからね（笑）。実は，若かりしころ，面白くない本を持ってきて，「面白くないよっ！」て酷評したことがあったんですけど，そういうネガティブなのはよくないなという結論に至りました。それだけでなくて，実は，もう一つ副作用がありまして，「面白くないねん！　ほんまにっ！」って言われて紹介された本も，なんだか気になって読んじゃうんですよね……。その結果「ほんまや！面白くないやんけーっ！（涙）」てなったりするんですね。紹介した側としては「いや，だから面白くないって言ったやんっ！」てなって，あんまりこうハッピーが広がらないということがありました。それで，ちゃんと面白い本を持って集まろうということになりました。

次のルールは「一人5分」ですね。中学とか高校とかでやるときに「5分って長いんじゃないですか？」って言われることがあるんですが，最初5分とした理由は実は逆でした。僕らが最初にやった研究室のメンバーがおしゃべりだったんですね。僕を見てもらってもわかるようにおしゃべりなんですよ（笑）。特に，年上の先生とかしゃべり出したら止まらない。特に60歳以上の先生とか。それをいかに切るかというところで5分という上限が生まれたわけです（一同，笑）。

　「中学生，高校生がやるときに5分が長い」って先生方から言われることがあるのですが，本質的な問題は，その子どもの年齢とかじゃないんですよね。やっていて思うのはですね，大人でも，ビブリオバトルを初めてやってみたときは発表が3分くらいで止まっちゃうんですよ。最初みんなあらすじをしゃべるのかなって思い込んでるから，あらすじだけしゃべるんですね，以上ですっていう感じで，3分くらいで。でも時間が余って，残り2分くらいの空白があると，出会いの話とか，ぶっちゃけの話とか，そういう話が漏れ出てくるんですね。で，それが面白い。そっちのほうがしばしば面白い。また，1回目，2回目，3回目とやっていくと5分をうまく使えるようになってくる。5分くらい使うと本の内容だけでなくて，その人の人となりとかバックグラウンドとか，ちょっと広がったところが出てくるんです。

　次に「2〜3分のディスカッション」です。5分間の紹介は一方通行の発表ですから，聞いている側はしばしば，「僕はその部分には興味ないんねんけど」ってなりながら，「そこはいいんだけど○○の部分はぶっちゃけどうなん？」って個別の疑問を持ったりするわけですね。「僕はもっとこういう点に興味があるねん」……と。一方通行の発表だと，どうしても聞いてる側がなにを聞きたいか発表者にはわかんないんですよね。そこで2，3分の時間をとって聞き手が突っ込んだりとか，質問したりとか，いろいろするわけです。

　そして，投票の基準は「どの本が一番読みたくなったか」なんです。これは重要です。「どの発表が一番よかった」だとか「どのプレゼンが一番魅力的だったか」ではありません。公式ルールを決めたのは，ビブリオバトルを始めて2，3年後なんですけど，ビブリオバトルの公式ルールができる前，ビブリオバト

ルの黎明期にこんなことがありました。研究室に，僕とキャラがかぶっている
と言われる先輩がいましてですね。その当時，僕は研究員，先輩は助教をやっ
ていたわけですが，その人がものすごくプレゼン好きでプレゼンのうまい先輩
でした。その先輩に声をかけたときに「俺，参戦するわ，本当は面白くない本
を，俺のプレゼン力でチャンプ本にしてやるわ〜」って笑いながら言ったんで
すね。多分，本気じゃなくて，「純粋にプレゼン勝負にしたら，こういう人出
て来るでー」っていう示唆だったと思うんですが。まぁ，それは困ります。ビ
ブリオバトルは何のための場かというと，やっぱり「読みたくなる本と出会う
場」なんですよね。だからこそ投票の基準は「どの本が一番読みたくなったか」
ということになっているんです。あと，これ「一番」というのを抜きたくない
んです。単純に「どの本が読みたくなったか」で手を上げるとすると，「手が
上がらない」ことは「読みたくなかった」ことを意味してしまいます。僕の発
表した本に，例えば，誰も手を上げてくれなかったとするじゃないですか。そ
うすると読みたい本に手を上げるというので，「全員が読みたくなかったん
だ」ってことになっちゃうんですね。そうするとすごくショックなわけですよ。
ところが，「一番読みたくなった本」ということで手を上げてもらうと，読み
たくなかったことにはならないんですよね。実際に，一人しか上がらなくて，
後から僕が落ち込んで「ふー」ってため息なんかついていると，人が集まって
きて，「たにちゅー，面白かったよ。二番目に読みたかったよ，二番目に。マ
ジで！」という，すごいフォローが入るんですね（一同，笑）。

　こういうふうな背景もあって，ビブリオバトル公式ルールは，文言レベルで
もいろいろな調整を経て，こういうものをビブリオバトルと呼びましょうとい
うふうにできあがっています。そしてできあがった公式ルールに関しては，シ
ンプルで，「ビブリオバトルというのはこれだけですので，いろんな楽しみ方
ができます！　好きに使っていいですよ！」とオープンにしているわけです。

　僕もともと機械系なんですが，どっちかというと，人工知能とか，情報学と
かに近い分野。情報系の世界では，無料のOS（オペレーティングシステム）の
リナックスをはじめとしたオープンソースという概念がすごく広まっているん
ですね。誰かがつくったソフトウェアやそのソースコードといった知的財産を

みんながフリーで使える。ビブリオバトルはある意味でのオープンソースソフトウェアのようなものだと思っています。だとすれば，それが，日本中，世界中に広がっていくためには，「これさえ守ってもらえれば，あとは自由ですよ！」っていう基準を明確にしないといけない。絶対に，公式ルールに書いてないということを理由に，「君のやってるビブリオバトルは，ビブリオバトルではない！　なぜなら発案者の僕が認めないからだ！」とか，そういうことはあっちゃいけない。どうしても発案者の発言力や影響力というのは大きいわけですが，ビブリオバトルの活用に関しては，僕の独断みたいなところから自由にしたかった。ビブリオバトルを活用しようとするみなさんの安全と権利と自由をきちんと確保したかったわけです。それが公式ルールを整備した理由です。

　公式ルールを整備して，それを守りさえすれば，みんな乗っかってこれるようにすれば，みんなに安心して使えるし，みんなの発想を活かしていけると思ったんですね。利用についても，いろんな掛け算がオーケーですと。小中高での利用もありますし，書店でのイベントとかカフェでやったりとか，PTA の集まりでやったりとか，社内の新人研修でやったりとか，人事面接で使ったりとか，多岐にわたるんですけど，自由に好きにやってくださいということになっています。ちなみに有料イベントも自由です。営利・非営利，問わないです。

　ただ，公式ルールはシンプルなんですけど，実際にやるのにどんなところに気をつけたらいいの，とかですね，そういうノウハウ的なところは少しではありますが，やっぱりあるわけですね。公式ルールの，このことはわかるんだけど，ここはなんでこういうことになるのか，とかそういうことですね。やっぱり，僕自身としても，そういうことは，ちゃんと伝えていけないなぁ，と感じてきました。初期から無料のホームページや，Twitter でどんどん情報発信を出してきました。普及活動の開始当初は，僕らは知名度もなくて，お金もなく，なんもなかった。でも，多くのメンバーが情報系の人間だったので，ネットリテラシーは高かったんですね。

　まぁ，ただし，やっぱり，ホームページでリーチできる人っていうのは限られているなぁ，とも感じました。やはり本で出さなければなー，ということで，いろんな本出させてもらっています。一番初めに出したのは『ビブリオバトル』

（文春新書，2013）というタイトルの本なんですけど，これはほとんどビブリオバトルの教科書ですね。ぜひご一読ください。読めばビブリオバトルに関する疑問の80％くらいは解決するはずです。最近出している本は，けっこう，それぞれに固有の文脈があります。例えば，さ・え・ら書房さんが出してくれた『マンガでわかるビブリオバトルに挑戦』（2016）なんかは，明確に中学や高校の教育へのビブリオバトルの導入を意識しています。ちょうど去年（2016年）の4月から，いくつかの中学の国語の教科書にビブリオバトルが掲載され始めまして，それにあわせてこの本をつくりました。

　意外に思われるかもしれませんが，一番ビブリオバトルの活用で，難しいし，失敗しやすい現場が「学校」なんですよね。図書館の話ではなくて「学校の授業」です。ビブリオバトルの「学校の授業」での活用は，うまくやらないとビブリオバトルの自由でカジュアルな感じのいいところがそぎ落とされてしまう。ただ，中学や高校の先生ってものすごく忙しいのもありますし，生徒のみんなにも理解してほしかったので，思い切ってマンガでつくってみました。

　さて，ビブリオバトルは2007年に僕が発案して，今年で10年が経ちます。最近では，ずいぶんと教育の分野に入ってきたのかなと思います。ビブリオバトルの学校図書館での活用を考えるときに，僕が一番最初にビブリオバトルを始めたときの文脈が実はけっこう近いんじゃないかなと思っています。一人ひとりが面白い本と出会いたいという文脈です。

　時々誤解されるんですが，ビブリオバトルを発案したときの僕は「先生」ではなかったんですよね。僕がいま「先生」という職業なので，「学生たちに本を読ませたいからビブリオバトルを発案したんでしょ？」みたいなことを言われるときがあるんですが，「ノーノーノー！　全然違うよ！」です。これは，他の読書推進活動に比べてビブリオバトルの大変特徴的なポイントなんですが，ビブリオバトルは僕が「読ませたい側」だったときではなくて，僕自身が「読みたい側」だったときに発案したんです。「読ませ手」ではなくて「読み手」の視点でゲームが構成されているってことが大事なんですね。

　当時，僕は教員でもなんでもなくて，学生に毛が生えたくらいの研究員でし

た。とあるテーマで勉強会を始めようとしたんですが，勉強会の本を選ばない
といけない。こういうとき，ありがちなのは，読むべき本を先生に決めてもら
うことなんですが，僕が勉強したかったことは，そのときの先生の専門とは残
念ながら違っていました。僕が勉強したいことのイメージはモワモワっとあっ
たんですけど，それを説明しようにもモワモワしているので，先生に伝わって
いる感じがしなくてですね……。先生が本を紹介してくれても，それを信じて
いく気にまったくならなかったんですね。失礼な話ですが（笑）。

　なので，勉強会をするメンバーで手分けして探そうということにしました。
「それぞれ自分が一番面白いと思う本を持って来てくれ～」とお願いしたんで
すね。「紹介はレジュメなんか用意しなくても，5分の高速のプレゼンでいい
から」と。

　勉強会をするためには一冊に本を絞らないといけないわけですが，どの本を
みんなで読むかとかそういうことを決めるには，話し合いという手段は日本の
場合ややこしいんですよね。「先生のいうことを優先しとこう」とか，「相手が
せっかく持って来てくれたのに，それはやめとことか言えへん」とかですね。
なので，もう，そこはもうズバッと多数決で決めよう。これが「チャンプ本」
の由来です。そのあと，ビブリオバトルを繰り返しやっていると，そのほかに
もいろいろビブリオバトルのよい点が見つかってきました。個人的にも多読に
なったのはビブリオバトルのおかげですね。僕はあまり本を読んでなかったん
ですよ，実は。自分でビブリオバトルをつくって，自分が一番，読書推進され
たわけです（笑）。

　ビブリオバトルに一番向いていて，一番やっていておもろいタイプの人は，
「大人げない大人」たちです（笑）。ガンガンいくし，自分にはみんなに言いた
いことがある，でも基本的には勝ちたいねん，みたいな……。なんか「勝ちた
いねん」っていう大人げなさを持っている人たちとやるとすごい盛り上がるん
です（笑）。僕，けっこう「大人げない大人代表」みたいなメンタリティがあ
るので，ビブリオバトルやるためにネタ仕込むところもあって，けっこう本を
読んだりもして，そういうのがすごく自分の読書の幅を広げたという時期でも
ありました。

ビブリオバトルを学校図書館の中で使っていくときには，そういう意味で非常にフランクな，自由な解釈の空間をつくるのが大事だと思っています。学校図書館というのはやっぱり，子どもたちが本を探して，本と出会う場所です。僕が研究室で勉強すべき本に出会おうとしたように，子どもたちがワイワイやりながら，面白い本と出会えるといいですね。

　学校でビブリオバトルっていうと，読売新聞社さんの「全国高等学校ビブリオバトル」のような全国大会とかもあったりするので，そういうイベント型のビブリオバトルをイメージしすぎてしまう傾向があります。学校によっては，先生が学校代表を選んでクラスや全校生徒の前で発表するとかですね。ものすごい緊張感で，生徒にとっては「それなんていう罰ゲーム？」みたいになってしまうこともあるわけです。全国大会みたいに年に1回くらい，お祭としてそういう大きなビブリオバトルがあるのはいいんです。サッカーでもワールドカップとかあるわけじゃないですか。ああいうのを見てあこがれる人も現れるだろうし，それはそれでいいと思うのです。ただ，みんなにワールドカップでのプレーを求めても，それは無理がありますよね。そもそもビブリオバトルはみんなが読んだ本をシェアして，「これ面白いよ！」「マジで!?」って分かち合う場所なわけです。本をよく読む人間にとっても，好きな本をちょっと布教したい気持ちとかあるわけです。そういうことをやる場所，合法的に布教する場所。まずは，そういうふうに捉えていただければいいかなと思います。

　そういうわけで，学校の授業時間でやるときは，教室では生徒を4，5人ずつのグループに分けて同時にビブリオバトルをやる「ワークショップ型」でやるのがよいと思います。学校図書館とかだと，図書委員のメンバーで小さく5人とか6人で週に1回やるとか，そういうのがいいんじゃないかなって思います。

　ビブリオバトルはもちろん読書推進のツールとしても捉えられるわけなんですけど，そのときにはやはり，「人を通して本を知る，本を通して人を知る」というこのキーワードに注目するのが大事だと思います。本というのは，本質的にもともとは著者から読者へのメディアでした。ただ，ビブリオバトルをすることで，それが二次的なメディアになると思うんですよね。そう，読者から読者への。

本を読む，本を読んだ感想，本というものの読み方，読んで得るものというのは，人それぞれだと思います。他の人に紹介された本を読んでみると，その人が言っていた印象と自分の得る印象がずいぶんと違うときもあります。自分一人で読む場合でも，例えば1年後に読み直してみるとまた違った感想があったりする。それは1年前の自分と今の自分が違う人間だからだと思うんですよね。そういう視点から論じると，ビブリオバトルにおける本の紹介，書評は大変クリエイティブなコミュニケーションだと思うんですね。それがまさに「人を通して本を知る，本を通して人を知る」というビブリオバトルのキャッチフレーズにつながる。つまり，いうなれば「書籍のメディアとしての二重性」です。ビブリオバトルをすることで，書籍が読者と読者をつなぐメディアにもなるということが大事なんじゃないかなと思っています。ビブリオバトルを繰り返すことで生徒たちの間の，生徒と司書さんや教員との間の相互理解やつながりも生まれてくる。

　そういう意味でも，ビブリオバトルを学校図書館の中でやるときには，大きな大会に参加するよりも，何回も何回も小さな開催を繰り返すことがすごく大事だなって思います。どうしても，大きな大会とかだと発表者と聞き手が相互に水平の関係でつながるみたいにはなりにくいわけですね。あと，大会とかがあるとですね，学校の威信を賭けた戦いみたいになりがちなんですよね。「あの学校には負けたくない！」みたいな。生徒同士がそう思うなら可愛らしいんですが，なにかと教職員や親御さんがそういうことを思い始めます。これは不健全なわけです。時々，ビブリオバトルを実践されている学校の先生が，学校でのビブリオバトル活用の成果として，「うちの子がチャンプになったんですよ！　すごい発表うまかったんです！」と目をキラキラさせながら，おっしゃることがあるんです。やっぱり，自分の生徒がそういうふうによい成果をおさめられるのは嬉しいでしょうから，「よかったですね」とは申し上げるんですが，少なくとも学校でのビブリオバトル活用の成果として僕が聞きたいのはそういうものじゃない。学校の中で，小さいビブリオバトルをどれだけ実践された，読書を介するコミュニケーションを学校の中でどれだけ生まれたか，それを通して生徒たちがどのような新しい知識を得たのか，どのような人間関係の発達

があったのか，そして，どれだけみんなが笑顔になったのか，そういうことの総和が一番大事だと思うんです。もちろん，大きな大会は「お祭」なので，それはそれとして活用してもらえたらなと思います。でも，それに重きを置きすぎて生徒を萎縮させてしまったり，ビブリオバトルを敬遠させてしまうようなことがあったりするとよくない。本に出会えて友達のことがもっとよくわかって，ついでに自分の好きな本が布教できると。そういう「楽しさ」に焦点を当てることこそが，ビブリオバトルの学校活用のポイントかなって思います。

　さて，今回のパネルディスカッションのタイトルが「学校司書のいる図書館へ，いま，期待すること」ですので，ビブリオバトルにかかわって僕の期待を少し話したいと思います。多くの司書さんは本当に非常に多くの本の知識を持っておられますから，司書さんから生徒たちへ知識を伝えるというのは，従来どおり大変大切だと思います。ただ一方で，それぞれの年代に，それぞれのジェネレーションならではの好きな本とか，共感できること，興味ある知識っていうのがあって，年代によって違ったりします。どうしても年齢の差や，経験の差が「読みたい本」にも影響を与える。それもあって生徒から生徒に教えるといった動き，そういうふうなつながり，を生み出していくことも非常に大事かなと思います。また，先生や司書さんといった「上の人」に紹介されるよりも，「横の人」である友達に紹介された本は，やっぱり，特有の「読んでみたさ」を生んだりします。好きな女の子や，好きな男の子の紹介だったりするとなおさらですね（笑）。学校の司書さんには，ビブリオバトルなどを活用いただいて，生徒たちがお互いに書籍を通じてコミュニケーションできる場づくりも期待したいですね。また，中高生たちにとって学校の外の社会というのはとても刺激があるものです。書籍を通したコミュニケーションの場づくりという意味では，他校の生徒とのワークショップ型のビブリオバトルなどを通した出会いの場所をつくったりするのもとてもいいですね。

　先ほど木下さんも「図書館の自由」の話をされましたけれど，この「自由」というのは大変重要な言葉だと思います。やっぱりそれぞれの個人がそれぞれの考え方を持って，それぞれが好きに表現する。そういうことが生徒たちのみ

ならず，いまの社会に非常に大事なのだと思います。基本的にビブリオバトルっていうのは読書の自由，表現の自由を大切にするコミュニケーションの場づくりのツールなんですよね。それぞれの現場で，よいように，楽しいように，ご活用いただいて，学校の読書活動を活気づける手段として使っていただけたらと思います。

　以上です。どうもありがとうございました。

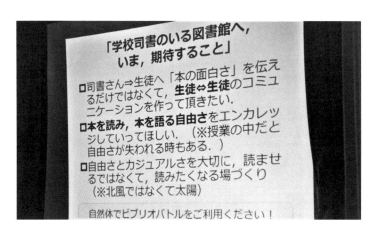

木下　通子

　谷口先生には，司書がいるからこそ，ビブリオバトルの自由さを含めて学校図書館でコーディネートできるということを話していただけたと思います。
　どうもありがとうございました。

　では次のご登壇者を紹介したいと思います。次のご登壇者は，株式会社リブロ東日本第3エリア長の稲葉さんです。
　最初にお話しましたが，稲葉さんと私の出会いは，「埼玉県の高校図書館司書が選んだイチオシ本」です。この企画を始めたのが7年前ですが，一番最初に春日部市内の本屋さんにフェアをしてくださいと，お話に行きました。稲葉さんがちょうどそのとき，リブロララガーデン春日部店の店長さんだったので

すが，話しかけるのが怖い感じがしたんです（笑）。最初は，そんなお願いしたら怒られちゃうかなって思ったんですが，話をよく聞いてくれて，リブロ全体でやらなくても，春日部店だけでもこの企画協力するよって言ってくださって。そのとき，その当時のエリア長さんに話を通していただいて，その「イチオシ本」をリブロ全店の埼玉県で開けるようにしていただいたというような，そういうようなつながりであります。

では，よろしくお願いします。

稲葉　順

よろしくお願いいたします。いま，ご紹介いただきました稲葉順です。本屋です。

今日は，お店のエプロンを着てきました。

この春の人事異動でエリア長という仕事をすることになりました。おそらく，みなさんも名前からその仕事内容は想像つくと思いますが，エリア長の仕事って，担当する店舗を巡回して「あれができてない，そこはちがう，あれはどうした」って感じで，店舗メンバーから見ればあまり歓迎されない仕事なのです。私もそれまでは現場の人間で，エリア長からチェックされる方でした。

店長なら，会議等で本部に出向くこともあり，エリア長をはじめ本部スタッ

フの顔もだいたいわかっていますけど，お店が忙しいときに限ってスーツ着た人が店長をどっかに連れ出して説教していく（一同，笑）。アルバイトさんたちから見れば「なんだか嫌な奴」って思われるのが嫌なので，店舗巡回のときには必ずエプロン持参で仕事しています。

　当然エプロンしていますからお客様は，お店の従業員だと思って声をかけてくれます。「何日か前の新聞で見たんですけど」，「昨日，テレビで紹介していた本なのですけど」。店頭にいれば，毎日入荷する新刊の箱を開けたり，棚の整理をしたりして実際に手に取って触っていますから，頭の片隅にインプットされているので即答できますが，事務方になってしまうとパソコンの画面上のデータでの記憶になるので，なかなか実物と結びつけるのが難しくなってきます。

　2，30年前かな，僕がリブロに入った当時ですが，本の中にはスリップというものがありまして，いまではほとんどの本屋でPOSレジを使用しているので販売時に抜き取り捨ててしまいますが，私がこの業界に入った当時は，本に挟んであるスリップの半券を束にして棚とストックを確認しながら「これが売れたんだ，確かストックに2冊残っていたはず」，「昨日，3冊売れているから品切れないうちに追加しておこう」と，確認するためのものでした。注文スリップに冊数記入し番線印を押して取次の担当者さんに渡すと，今日一日仕事したなあって。そういう満足感が得られる，物理的なものでした。いまはもう，スリップというのをほとんど使っている本屋さんはいないと思います。いまでは入荷・販売．追加・返品・在庫のすべてがデータ化され，月単位・年単位やジャンル別，作家別・出版社別等，多角的に分析し，書店員はその膨大なデータから新刊の事前発注をしたり，既刊本の追加発注をします。同じ作家さんで次こういうものが出るから，過去にはこれだけ売れているから，これだけ予約で発注しておこうかとか，いろんな見方ができるんです。

　私は，ずっと本屋なので一般のお客様がどう思っているのかわからないことがあります。

　どこの本屋さんに行っても新刊ではない文庫が，店頭のいい場所に山積みしたり，面陳されていて「これが今の一押しです」的な売り方をしているのを見

かけると思います。おそらく始まりは7，8年前くらいの，映画化もされ「本屋大賞」も受賞した講談社文庫の『永遠の0』（百田尚樹著）だと思います。

　本部の商品部発注で，各店舗へかなりの数が送品されてきました。特に売れていたわけでもなく，分厚い本で，なんかよくわからないし，いまさら売れるのか？　仕事柄というのか，職業病なのか，休みの日でも外出したときに本屋があれば覗いてしまいます。そうすると，あるんですよ，そこにも『永遠の0』が，大量に。町の本屋さん，駅中の本屋さん，大型の本屋さん，郊外の本屋さん。講談社さんの仕掛けなのか，ジャニーズ事務所の絡みなのか，売っている側が言うのも変ですが，なにか違和感がありました。書店業界じゃないお客様の目に，あの光景がどう映っていたのかと。その流れは，いま現在も続いています。どこの出版社が仕掛けをかけているのか，探してみてください。

　本日のイベントに出席されているみなさまは，本の業界・図書館にかかわっていらっしゃる方々だと思うので，どちらかと言えばこちら側（業界的）からの目線で見てしまうと思うのですが，果たして一般の本にまったく興味のないお客様，学校図書館の立場で見れば，図書館に在学中は足を運ばない生徒さんになりますね。

　全国の本屋さんがいろいろな手書きPOPを書いたり，ポイントカードを導入したり，取次主導でプレゼントキャンペーンをしてみたり，Twitterでイベント情報や新刊情報を発信したりしていますけど，業界の外のいったいどのくらいの人たちが気にして見ているのかと，ちょっと疑問に感じてしまうことがあります。「お買い上げ3,000円以上で，素敵なプレゼントを差し上げます」，この情報を見て，「素敵なプレゼント」をもらうために本屋で3,000円以上の本を買おうと思うのかなぁって。

　具体的にいうと，数学を専攻している学生さんが，例えば理工学書の難しい本をね，駅前の10坪の本屋さんにはたぶん絶対買いにいかない。そこで注文するっていうことはあり得るかもしれません。でも，たぶんそういう人は，東京都内だったら新宿の紀伊國屋さんの本店であるとか，池袋のジュンク堂本店とか，そういうところに行くであろうと。

Amazon が先日，日販（日本出版販売株式会社）に対してロングテール*の部分は出版社との直接取引に切り替えます，と発表しました。ネット販売なのになぜ？　Amazon はデリバリーの時間短縮が目的としていますが，真意のほどはわかりません。

*英語，インターネットを用いた物品販売の手法，または概念の一つであり，販売機会の少ない商品でもアイテム数を幅広く取り揃えること，または対象となる顧客の総数を増やすことで，総体として売上を大きくするものである。

本屋も商売ですので，利益が出なければ商売として成り立ちません。当然，売れる可能性の高い商品が棚や平積みの大部分を占めてしまうのは自然の流れだと理解しています。でも，一般のお客様目線で本屋の棚を眺めたときに，どこの本屋に行っても同じ商品しか目につかなくなるのも変だなぁと感じています。たまたま立ち寄った本屋さんの棚に担当者さん自身の意思で発注した本，全国上位商品じゃなく年に 1 冊か 3 年に 1 冊売れるようなロングテールな商品とお客様との出会いの場をつくるのが，本屋をやっていて楽しく感じる瞬間でもあります。これは，木下先生をはじめ図書館司書をされている方が，日々試行錯誤していることと同じではないかと思っています。

毎日いっぱいの本が書店には入荷しますが，決して自分が注文したものではなくて，出版社さんから自動的に配本されているというのが，けっこうな数になります。で，よく新人のバイトなんかに教えるときに，配本してもらった本とか本部から送られて来た本とかはいいところに出して売るんだよ，だけど，うちに入って来なかった本を，自分の好きな本を，棚にない在庫にない本をね，一番いい場所あげるから自分で注文してそこに置いてごらんって。で，実際にそういうことをして，その本が売れたときというのは，その人のことをすごくほめるようにしているんです。なぜかというと，その 10 冊のうち 1 冊が例えば 1,500 円の本，その本にはもともと配本もなかった，本部からもこれ売りなさいという指示もない。それが 1 冊売れたこと，その 1,500 円の売り上げって

いうのは，その子が注文しない限りそのお店には絶対得られないんですね。これの繰り返しっていうのが，その担当者さん，バイトさんでも正社員でも同じですけれど，自分の売っている本に興味を持つというか，少しでも売ろうという気持ちをつくっていく上では大事なことかなと思っています。

　今回，木下先生からこのお話をいただいて考えたのですが，ある意味，本屋から見ると図書館というのは，極端な言い方をすれば敵対関係にあるのかもしれません。例えば本屋さんからすると，村上春樹の新刊本が発売されたら図書館には1冊所蔵していればよく，すぐに読みたいのであれば本屋さんで買ってくださいよ，が本音のところです。

　木下先生の本の中にも書いてあるんですけど，なにもアクションを起こさなくても図書館に足を運んでくれる人たち，言い方は悪いですがこの人たちはどうでもいいのです。その人たち以外の人たちに，図書館に対しての興味を持っていただいて足を運んでもらい，閲覧や貸出数を上げていくかの一点ではないでしょうか。地道な広報活動やフェアを続け，口コミで裾野を広げていく。そこで本に対しての興味を持ってもらい，本屋でお金を使っていただければ本屋と図書館はwin・winの関係になりますよね。

　本屋さんってけっこう，学校図書館や公共図書館さんにはお世話になっています。リブロでも埼玉県の学校図書館や公共図書館に商品を卸しています。以前，外商部の仕事もしていた時期がありました。毎日注文いただいて納品する商品がなくても，お取引のある図書館さんを訪問させていただいていました。雑談を通じて注文をいただくこともあります。商売をしている以上，注文をいただくことは大変うれしいのですが，ほとんどの学校図書館は校舎の4階の端っこにあり，15号段ボール箱を担いで何往復もするのは，特に真夏は正直めちゃめちゃきつい仕事でした。学校図書館の司書さんは木下先生のようにお淑やかな女性がほとんどですので，手伝っていただくわけにもいかず（一同，笑）。地域のお客様と同様に，リブロからすると学校図書館・公共図書館は大切なビジネスパートナーですので，これからもよろしくお願いいたします。

私の話，なんか支離滅裂になってしまい申し訳ありませんでした。本日は，ありがとうございました。

木下　通子

　稲葉さんのお話からは，書店と図書館との本を読者に手渡す喜びの共通点がみえた感じがします。ありがとうございました。
　では，最後のゲストをご紹介します。本の雑誌社の杉江さんです。
　杉江さんとは長いお付き合いのようですが，実は，お会いしたのはこの頃です。「埼玉県の高校図書館司書が選んだイチオシ本」が「本屋大賞」の地域賞に選ばれて，本屋大賞の表彰式に参加させていただいたのが，お知り合いになれたきっかけです。その後，「イチオシ本」関連のトークイベントを行ったときに，ゲストとして来ていただきました。
　では，杉江さん，よろしくお願いします。

杉江　由次

　本屋大賞実行委員会の杉江由次と申します。本日はよろしくお願いします。まず，木下さん，出版おめでとうございます。文芸編集者の方は，必ず，本を出したり，新人賞を受賞した作家さんに言うことがあるんです。「仕事，やめないでください。」（一同，笑）
　本を出して食べていけると思ったら大間違いですので，今後もちゃんと司書を続けてください（一同，笑）。

　今日ここに呼んでいただいたのは，縁ができた「本屋大賞」の理事をしていることと，僕が勤めているのが「本の雑誌社」という会社だからだと思うのですが，『本の雑誌』というのは，毎月本を紹介する，あるいは本の周辺のことを紹介する雑誌でして，ご存じの方はご存じかもしれませんが，作家の椎名誠が友人である目黒考二と42年前に立ち上げた会社で，僕は入社して21年ほど勤めております。そういうところで働いていると，さも子どもの頃から図書館や本屋さんに入り浸って本を読んでいるような人間に思われると思うのですが，今日ここに来るのに考えたんですけど，僕は自分が通っていた高校の図書館を使ったことがありません。オリエンテーションで行ったような記憶は薄っすらとあるんですが，図書館があったのかどうかということも覚えておりません。
　ただ，これは偶然なんですが，娘が僕の通っていた高校に入学しまして，娘

に「学校に図書館ある？」って聞いたら，「あるよ」と言って，この間，本を借りてきたんで，たぶん学校自体には昔から図書館があったんだと思いますが，僕は利用したことがありませんでした。

もっと考えてみると，中学校の図書館もまったく記憶にないです。もしかしたらなかったんじゃないかと思うんですけど，図書館がない学校なんてありませんかね。

小学校のときは3，4回行った記憶があります。友達が『ルパン』とか『江戸川乱歩』とかを借りに行くのについていって，これ面白いんだよって言われたような記憶があります。でも，僕はなにが面白いのかわからなくて，それ以来近づくことはありませんでした。

ということで，図書館で本を借りなくても，家で本を読んでいたならかまわないんですけど，僕は，18歳と10か月まで，本をまったく読んだことがありませんでした。0冊です。

そう言うと驚かれて，「読書感想文どうしたの？」って言われるんですけど，『Dr. スランプ』とか漫画で描いて出していました。もちろん先生の評価も最低でしたけど。

それくらい，本を読むことは，僕から距離があることというか，まったく全然別世界のできごとでした。

まったく本を読まないまま高校を卒業しましたが，大学受験で見事すべて不合格になりまして，まあ同級生もみんな大学に行くし，親も大学に行けと言っているので，浪人して予備校に通い出しました。

文系だったので，国語と英語と日本史の授業をとって予備校に通っていたんですけれど，6月まで通ったときに，英語と日本史は成績がそこそこ上がってきたんですが，国語の成績が全然上がらなくて，それで，同じ予備校に通っていた高校時代の親友に，「俺，国語の成績上がんないんだけど」って相談したら，そいつが半笑いで，「当たり前だよ，本も読まないで」って言ったんです。それで，本を読めばいいのかって思ったんですけれど，「けど本読むのってつまんないじゃん。なんか俺，教科書とか読んでも面白くないし，太宰治とか読んでもじめじめしている感じがしたし，だから本なんて読めないよ」と言ったら，

親友が「お前だったら，この本が好きなはずだ」って教えてくれたのが，村上龍の『69』（集英社，1987）と『愛と幻想のファシズム』（講談社，1987）でした。

　それでその帰り道に，これまで本屋さんも漫画売り場しか行ったことがなかったんですが，親友がそこまで言って勧めてくれたならと思いまして，3冊買って帰って読み始めたら，文字通り寝食忘れて，ご飯も食べず，朝までずーっと夢中になって読んでしまったんですね。それで3冊を読み終わったときには，外の世界が変わってるように見えました。

　それまで大学に行かなきゃ人生はない，というたった一つの道しか見えてなかったんですが，本を読んだらもっと別の生き方があるんだと気づきました。一冊読むごとに道がどんどん増えていく感じで，そしたらもう大学に行くのが馬鹿らしくなってしまって，予備校をやめようと決意しました。

　やめてどうするかというと，自分にこれだけ影響を与えた本というものに関わる仕事に就きたいと。たった3冊なんですけどね，しかも日数にしたら2日くらいですよ。でももう，あまりに強烈で，とにかく本の近くにいたい，こういうすごいものとかかわって生きていきたいと，本当に雷に打たれたかのように意識が変わりまして，父親に報告して，1年分授業料を払い込んでいた予備校をやめ，働くことにしました。

　でも本の仕事ってなにがあるんだろうと。できればつくる現場である，出版社で働きたいと思ったんですが，5歳離れた兄に相談したら，兄は本が大好きな人で，自身も就職活動で出版社をたくさん受けたけど受からなかったそうで，大卒で受からないんだから高卒で出版社に入れるわけがないだろうと。学歴がなくてどうしたら入れる人間になれるかといったら，出版社が雇いたくなるようなキャリアを積むしかない，それにはまず販売の現場を学んだらどうかと，本屋さんでアルバイトすることをアドバイスしてくれました。それですぐに近所のセブン-イレブンに行って，『フロム・エー』というアルバイト求人雑誌を買ってきて，本屋さんのページを開いたら，神保町の三省堂書店と新宿の紀伊國屋書店，東京駅の八重洲ブックセンターの求人が載ってました。どこにしようかと兄に相談したところ，兄が大学に通っていたときによく本を買いに寄っていた八重洲ブックセンターが日本一だから，そこで働けって。それで電

話をして，履歴書を持って面接に行ったんですが，驚きました。なにせそれまで知っているのは町の30坪くらいの本屋さんだけですからね。それが，八重洲ブックセンターというのは当時日本一の広さと蔵書量がありまして，地下1階から5階まで約1,000坪ですよ。それはそれは大きな本屋さんでびっくりしました。しかも文庫と漫画しか知らない人間が，医学書の担当とか言われて，書名すら読めない。もう，社員の方に必死で教わり，約1年半ほど毎日働きました。本を売るのは楽しかったです。特にあの頃は出版業界の売上のピークの頃で，夕方は売り場を移動するのも大変，レジに行列ができるほど本が売れて，毎日がお祭りのようでした。

　それもこれも，たった数冊の本を読んだだけで，人生がどーんと変わってしまったんですよね。そういうものというのが他にあるのかと聞かれたら，僕には本しか思い浮かびません。自分の考え方の根幹をここまで動かせるものって，他にないと思います。それくらい本の力というのはすごいものだと思い，いまもそう思い続け，結局，その後，非常に運のよいことに，出版社に拾っていただきまして，そして転職して，あこがれだった椎名誠の会社であります本の雑誌社に入社しました。

　友達に教わったところから進んだ読書の道ですが，その後どうやって本を読んできたかといいますと，書店員さんに聞くというのが多かったと思います。出版社に入ってからは一貫して営業の仕事をしておりましたので，毎日本屋さんに行って，営業しながら「最近面白い本ありますか？」とたずねて，それを買って帰って読むというのを繰り返しておりました。まあ，それが，その後かかわることになる「本屋大賞」の原点の一つだと思うんですが，自分ではなかなか本を見つけられないので，本に詳しい人のアドバイスというのを頼りに読書をしてきました。そしてそうやって続けているうちに，だんだん自分の好みというものがわかってきて，自分なりに本を選べるようになったんだと思います。

　18歳までまったく本を読んでなかった人間も，たった一つのアドバイスによって水を吸収するように，その後，いま現在に至る30年近く，とにかく本がないと生きていけない人間になりました。だから読書に早い遅いはあまり関係なくて，たった一冊，魂を撃ちぬかれるような本に出会う経験ができるかど

29

うかだと思います。

　そのアドバイスのプロというのが，司書の方々だと思うのですが，まあ，僕は図書館があったのかどうかも覚えていないような人間なのでまったく説得力がありませんが，『読みたい心に火をつけろ！』を読んで思ったのは，学校司書のみなさんは，すでに相当子どもたちの読書のために尽力をつくしていると思いました。はっきり言って出版社の人間のほうが目先のことしか考えてなくて，10年後，20年後の読者のことまで考えられていないと思います。本の売上を増やすためには，読書人口を増やさなきゃいけないのに，そんなことに取り組んでいる出版社なんてほとんどないでしょう。その部分を必死になって取り組んでくれているのが学校司書のみなさんだと，この本を読んで気づかされました。ありがたい限りです。

　そしてこれからは出版社もみなさんと一緒に手を取り合って，一人でも多くの人が本を好きになってもらうためになにかやっていきたいと思いました。知識もみんなスマートフォンで検索すればわかるような時代で，下手するとこれから本の存在すら知らない人が出てくるような世の中で，読書という行為そのものが忘れ去られてしまいそうですが，どうにか本の面白さ，本の持つ力を伝えていきたいと私も思っております。

　そのためになにが一番大切なのか考えたところ，やっぱり大人が本を読むような世の中にしないとダメだなと思っております。『読みたい心に火をつけろ！』の中で書かれておりますが，読書の相談をされて『バッテリー』（あさのあつこ著，角川書店，1996～）を読んだ子に『走れT校バスケット部』（松崎洋著，幻冬舎，2010）を紹介したり，陸上部の子が来て，『一瞬の風になれ』（佐藤多佳子著，講談社，2006～）を紹介したりしてましたけど，それくらい親がアドバイスしろよ，と思いました。その程度の本の話を家庭でできない親でどうするのって。親が本を読んでいれば，自分の子どもにそれくらいの本は紹介できると思うんですよね。『一瞬の風になれ』くらいは，普通の人だって紹介くらいできるでしょう。家庭で本の話が普通にできて，そうすれば学校でだって本の話が増えるだろうし，日常の中にもっと本の話題が出るようにしていったらいいと

日本図書館協会　出版案内

JLA Bookletは、図書館とその周辺領域にかかわる講演・セミナーの記録、話題のトピックの解説をハンディな形にまとめ、読みやすいブックレット形式にしたシリーズです。

図書館の実務に役立ち、さらに図書館をより深く理解する導入部にもなるものとして企画しています。

JLA Bookletをはじめ、協会出版物は、こちらからお買い求めいただけます。また、お近くの書店、大学生協等を通じてもご購入できます。

二次元バーコード

お問い合わせ先
公益社団法人
日本図書館協会　出版部販売係
〒104-0033
東京都中央区新川１－１１－１４
TEL：03-3523-0812（販売直通）
FAX：03-3523-0842　E-mail：hanbai@jla.or.jp

---

no.1　いま、期待することは　学校司書のいる図書館に

木下通子著『読みたい心に火をつけろ！――学校図書館のドラマチックな挑戦』（岩波ジュニア新書）の出版記念トークセッション「読書の未来について語り合った」内容を収録。図書館関係者のみならず、未来について語り合えない方必見です。学校図書館・図書館関係者

ISBN 978-4-8204-1711-8

no.2　読みたいのに読めない君へ　届けマルチメディアDAISY

保護者、図書館員の立場から、DAISYについてわかりやすくまとめた一冊。DAISY製作者それぞれのマルチメディアDAISYやマルチメディアDAISY制作のしやすさ）が高いUDフォントを使用。視認性の高さ（見読）

ISBN 978-4-8204-1809-2

2018年に大阪と東京で開催した、塩見昇氏の著書『図書館の自由委員会の成立と「図書館の自由に

JLA Booklet　既刊19

no.19
Live! 人はなぜ本を紹介するのか
図書館員のおすすめ本 リマスター版

図書館員が本を紹介することの意味、その仕事が図書館を越えて、出版の世界、広く読者へ届くためにできることなど、これからの図書館と出版を考える読書です。

ISBN 978
4-8204-2404-8

no.18
著作権80問
図書館員が知りたい

図書館現場から実際に寄せられた質問を基に、著作権と図書館サービスのさまざまな場面に直面したときに役立つ一冊でてきます。「作者と・落者と出版者等々、悩ましどころ」をQ&A形式で平易に解説します。

ISBN 978
4-8204-2405-5

no.17
戦時下検閲と図書館の対応
戦争と図書館

第109回全国図書館大会分科会「戦争と図書館」の講演録3つのあり講演。図書館人の太平洋戦争中の思想抵抗の自由などを使命とする図書館へ弾圧の講演資料を収録。方を考えるとき、ぜひ手にしたい一冊です。

ISBN 978
4-8204-2403-1

no.16
図書館のマンガを研究する

「海外図書館大規模所蔵調査に基づく日本マンガ受容に関する総合的研究」の成果におけるマンガというマンガ受容資料。まして講演のための特有性を知る一冊。必要な課題を知る今後に言及されている一冊。

ISBN 978
4-8204-2311-9

no.15
「図書館員のための『やさしい日本語』」

外国人の状況や図書館の役割、「やさしい日本語」という使い方について詳しく、実践的な使い方を用者に広く伝える大切なツールを、図書館サービスで役立つツールを教えてくれる一冊。

ISBN 978
4-8204-2306-5

no.1
新著作権制度と実務
…めるために

…件と…されています。「国民の知のアクセス」…「図書館」とな…り、より多くの図書館等の向上への必携の一…期待に応えることが求められている現在、…冊です。

ISBN 978
4-8204-2306…

冊　好評発売中！！

---

no.9　現代日本図書館年表 1945‐2020

1945年太平洋戦争終結から2020年までの日本国内の図書館に関する出来事を年表にまとめ、75年間の図書館の成長や規模を俯瞰・分析し、現状を知り、将来に向けた構想につなげるのに役立つ内容で評価します。一冊一年表して、図書館の将来に向けた構想に役立つ内容です。

ISBN 978
4-8204-2114-6

---

no.10　図書館の使命を問う　図書館法の原点から図書館振興を考える

塩見昇氏と山口源治郎氏の2020年11月の第106回全国図書館大会における第1分科会で120分展開した講演と記録。図書館法制定70周年記念対談記録。図書館法制定の意義を簡単に略し、図書館法を考えるときに必備の略年表と図版も収載の一冊。

ISBN 978
4-8204-2206-8

---

no.11　学校図書館とマンガ

「なぜマンガが必要か（理論編）」、「学校図書館にマンガを導入する意義」等の章を解説しています。海外の学校図書館でもマンガが高く評価されている。学校図書館にマンガをぜひ。一冊でるマンガを訴える一冊です。

ISBN 978
4-8204-2208-2

---

no.12　非正規雇用職員セミナー「図書館で働く女性非正規雇用職員」講演録

公共図書館で働く非正規雇用女性職員の問題に焦点を当てて、図書館サービスと職員のあり方を考える大きな一歩になる図書館サービスの図書です。セミナーの記録。講演や報告、参加者の意見交換を収録した図書館サービスと職員のあり方を考える書です。

ISBN 978
4-8204-2209-9

---

no.13　図書館資料の保存と修理　その基本的な考え方と手法

日図協資料保存委員会委員長であり、東京都立中央図書館で長年資料保存の仕事に携わってきた著者が、全国各地で長年講師を務めてきた研修会の内容をまとめ、資料保存の意義を確認できる実践書である好著。「資料保存講義録」の真のコンパクトにまとめた意義を確認できる実践書であり好著。

ISBN 978
4-8204-2218-1

図書館等公衆送信サービスを行うためには法令により研修を行うことが要。「特定図書館」になるためには…

JLA Booklet 既刊19冊 好評発売

no.8
やってみよう資料保存

図書館資料や資料の取り扱いやカビ対策など、基本的な利用保障あるいは災害時の対処法などを、図書分館にとってすり減ってくる資料保存対策に取り組むための必読書。保存できると図書館ころから資料保存対策に取り組むための必読書。

ISBN 978
4-8204-2109-2

no.7
「公立図書館の所管問題を考える」講演録

2019年3月開催の公立図書館政策セミナー講演録。公共施設の所管移管に伴い、自治体や教育委員会による運営や社会教育施設の重要性を考察する一冊。首長部局の役割や懸念、委託・指定管理者制度の役割や会問題点から図書館政策セミナー講演録のよ

ISBN 978
4-8204-2007-1

no.6
水濡れから図書館資料を救おう!

「水濡れ」対策の重要性や大規模災害時の行動を解説。法的な紹介する一冊。陸前高田市立図書館の被災資料の事例も収録。出方法など重要な情報源図となるやすく資料管理に関わる人々にとって貴重な情報。事例も収録。

ISBN 978
4-8204-1907-5

no.5
図書館システムのデータ移行問題検討会報告書

新システムへのデータ移行において出力データ2018年12月17日図書館システムの中で行われるパスワードの学習会を提起。収録もシステム変更に伴うパスワードのワールド会管記録案ワた現状と課題を解説。ルル化を提案も、システムの移行の現状と課題を解説。

ISBN 978
4-8204-1905-1

no.4
「図法的視点から見た図書館と指定管理者制度の諸問題」講演録

指定管理者制度の諸問題を法的視点から解説。館長と職員の法的な関係やデメリットを明示し、制度導入要件などを検証。図書入にとっての必読の書。指定管理者制度に関わる全ての人法律専門家の視点から指定管理者制度に疑問を提起。必読の書。

ISBN 978
4-8204-1812-2

no.
図書館の自由に関する宣言1979年改訂のころ

「図書館の自由に関する宣言」改訂に直接かかわられた方の貴重な証言。自由くる一冊。出版記念講演会。当時の時代状況と現場の雰囲気などがよく伝わってくる。宣言の改訂や「宣言」改訂出版記念講演会。自由ら、当時の時代状況と現場の雰囲気などがよく伝わってくる一冊。

ISBN 978
4-8204-1810-

思います。それは図書館とか関係なく，SNSだろうが飲み会だろうが，どこでも読んで面白かった本の話をすればいいんだと思ってます。みんなが本の話をしたら，みんな本を読むようになるでしょう。大人がスマホをいじるから子どもがいじるわけであって，大人がスマホをいじるのをやめて本読めば，子どももきっと本を読むんじゃないかなって考えてます。子どもは親の鏡です。読みたい心に火をつけるべきなのは，大人です。大人が本を読みましょう。

トークセッション★ Q&A

木下

　すごく上手にまとめてくれてありがとうございました。

　大人が「もっと本を読め」という提案がありました。うちの学校は土曜授業が15回あって，そのときに保護者の方も図書館に来て本が借りられるようになっています。お子さんに勧められた本を保護者が借りていったり，生徒が，保護者が借りた本を読んでいくというのもあるんですけど，みんな時間がなくてなかなか難しいですね。

　3人の方にそれぞれお話いただきました。では，ここからは質疑応答に入りたいと思います。

　まず，単純に質問をとりたいと思います。

　ご来場者のみなさんで，このお話の中でこんなところはどうですかとか，もう少し突っ込んで聞きたいところがある方がいらっしゃったら，遠慮なく手を上げていただけたらと思うんですが。

筧

　木下さんと一緒に働かせていただいてます。とても面白い話をありがとうございました。

　谷口先生に質問なんですけど，ほんとにすいません。グダグダになったビブリオバトルで紹介された本が気になるんで教えてください。

谷口

　うーん。何の本だったかなぁ。けっこう前の話なので……。うーん（しばらくの間，考え込む）。すいません。覚えてないです（苦笑）。

（会場）

　『悪の華』（押見修造著，講談社コミックス，2010〜）じゃないでしたっけ？

谷口

あっ！　そうそう。漫画の『悪の華』ってやつですね。フォローありがとうございます。

木下

それで学校司書が勝ったんですよ。「埼玉県の高校図書館司書が選んだイチオシ本」の副実行委員長の小川さんが勝ったんです。そのことはすごく覚えています。

谷口

票差として30対1くらいでしたよね……。わざわざ京都から埼玉にいってビブリオバトルして30対1ですよ。（会場，笑）。

木下

司書は熱意をもって話すのが得意なんで，司書こそビブリオバトルやった方がいいと思うんですけど。

谷口

おっしゃるとおりだと思います。ビブリオバトルを学校でやるときも生徒が発表するなんて決めつけなくてよくて，司書さんが発表して生徒が投票でも全然いいんですよ。ゲーム版ブックトークといったところでしょうか？

木下

では，他に質問ある方。

市岡

本日はお話ありがとうございます。

行政書士をしている市岡です。子どもの頃，図書館とか本屋とかのかかわりはなかったんですけど，いま，法教育ということをやっていまして，小学校，

中学校で，個別の法律の説明ではなく，どうして法律があるのでしょう，どうして決まりがあるのでしょうって話をしながらですね，決まりやルールを考えていこうということをやっているんですが，それを通しながら学校の図書館にも関心を向けています。

自分が高校生のときなんですが，図書館に入り浸ってはいたんですが，司書の先生とこういう本を読んだらいいよって話は一度もしたことがなくてですね。で，本を読みたい生徒は勝手に来て読んでいるし，私は図書館の司書のいる事務室で勝手にしゃべっているしって感じで，本を通した会話を全然してなかったのがもったいなかったと，いまになって感じています。

司書の先生もどうしてそういう話をしなかったっていうのは，先ほどの事務手続きが忙しかったからじゃないかなと。30年前ですからそういうのがあって，本を通した話をしなかったのはもったいなかったなーと，いまになって思います。

で，いま，図書館だけでなく書店でもいいんですけど，本を通した会話とか対話というのをビブリオバトルを使ってやっていますけど，他にも方法というのはありますでしょうか。

稲葉

店頭ではですね。年配の方，子どもの方，いろいろ来るんですけど，土曜日だったらお昼の番組が終わった後とか，月曜だったら日曜の書評が出た後とか，本の広告が出た後とか，見た方もいるかもしれませんが，こないだの「アメトーーク」のやつ（「本屋でマンガ大好き芸人」6月29日（木）放映）とか，だいたい年齢にかかわらず，テレビで紹介された本とかラジオで紹介された本を探しに来る方は，9割方書名を間違えていますね。そういうのを聞かれることをきっかけに，少ないキーワードから引っ張り出して，その人の年齢の感じとか考えながら，これじゃないかなっていうのをご案内するんですけど。

本屋の立場で言えば，混んでいるときはできませんが，そうじゃないときいらっしゃるお客さんに声をかける。洋服屋で声をかけられるのはうっとうしいですけど，本屋でもうっとうしいかなって思うんですけど（笑），何回か見た

ことあるお客さんで，この人大丈夫そうかなって思うときはこっちから声をかけます。実はこういうのがあって面白いですよとか，同ジャンルのものを紹介したりしてお客さんと仲良くなる。

そういう方法はある意味店頭で，その本屋さんのファンをつくるというか，あざといやり方ではあるんですけど，非常に有効性の高いやり方ですね。

木下

稲葉さんは本をもとから好きだったんですか。

谷口先生も杉江さんも，もともとはそんなにっておっしゃっていたけど。

稲葉

私もおんなじように，中学はブラスバンド一筋だったので図書館に行ったことがない。

木下

本は読んでいた？

稲葉

本は読んでいないです。

たまたま仕事で配属された先が本屋だった。それで，商売ものなんで，という感じですかね。

杉江

さっきのビブリオバトルに似ているので，「ブクブク交換」というのがあって，学校だとものを交換しないといけないので，難しいんですけど，同じようにおすすめの本を持ちよって，一人何分かの話をして，それをテーブルに置いて，交換して持って帰るっていうのをやっているのがありますね。

木下

　それはどこでやっているんですか？

杉江

　それは，テリー植田さんという人がいるんですけど，好きなようにやってください
さいと，ホームページに方法が載っていると思います（bukubuku.net）。

木下

　だいたいこういうところに集まる方は本が好きで本を読むと勧めたいという
方が多いと思いますが，いまこのパネラーのみなさん，本を読み始めたのは，
わりと大人になってからという，衝撃の事実が判明しました。さて，いま稲葉
さんがおっしゃっていたことは，まさに学校図書館で司書がやっていることで，
私もいつも，この先生はこの本が好きだろうなとか，この先生にこういう本を
貸したら次借りてくれるだろうなとか，いつも考えています。もちろん生徒に
対しても。

　それで，こういう新刊が出ましたよと，自分も読んで勧めているっていうの
が，学校図書館の日常だと思うんですけど，司書って奥ゆかしい人が多いと思
うから，あんまり打って出ることが少なくて，先ほどお客さんに対して積極的
に本を勧めるのが失礼とか，あざといとかおっしゃってたんですけど，そうい
うところがあるのかなーって，ちょっと思うんですけど，そこらへんどうです
か。

谷口

　図書館とか学校でビブリオバトルをするときでも，子どもだけにさせて，司
書さんは入らない場合が多いんですね。なんで司書さんは混ざらないのか
なーって思うんですよね。まざっちゃえばよくて，そうするとコミュニケーショ
ンできるし，生徒たちにも，もっと司書さんのことわかってもらえるし，生徒
に読んでほしい，蔵書ももっと布教できる。どんどんやってもらえたらいい
なーって思うんですよね。「プロが入ると……」とおっしゃるけれど，心配し

36

なくても子どもめっちゃ大人に評価キビシイですから，全然勝たしてくれない
から，安心して入っていったらいいと思います（笑）。

杉江

似てますよね。書店員さんとある一面では。

木下

そうですね。でも書店さんは在庫がたくさんあって，同じ本をたくさん入れ
るじゃないですか。でも，私たちは一冊なので，例えばうちの図書館でも『君
の膵臓を食べたい』（住野よる著，双葉社，2015）がまだ人気があって，複本で
入れているんですけど，予約が6人くらい待っているんですよ。

でも，読んだ子で自分が欲しいと思った子は本屋さんに買いにいきますから，
本も売れるんです。本当は「図書館総合展」とかでも言われているような，図
書館は敵だ的なことも……

杉江

思っていないです。

木下

杉江さんは思ってないかもしれないけど，そういう人もいますよね。書店さ
んとか出版社さんもいるかもしれないですが，私たちが本をどんどん勧めて
いって子どもたちが本と出会ったりすると，お小遣い出しても買おうと思う。
そういうところが大きいと思うんですよ。

だけど，子どもはいま，私たちが子どもだった頃と比べて，お金が使うとこ
ろが多いんです。

だって携帯電話代自分で出してるって子もけっこういて，例えばWi-Fiがつ
ながっているのが家だけだから，外ではインターネットができないとか。携帯
の使用料は自分持ちでお小遣いからひかれているとか，うちの学校はバイト禁
止なので，お小遣いからひかれるのも厳しかったりして，意外と高校生はお金

なかったりするんです。そういう意味でも，学校図書館で読みたい本を買って
あげるっていうのが重要だと思っているんですけど。

　あと，人と本がつながっているというのを，お話を聞いていてすごく思った
んですけど，ここにはいろんな立場の方がいらっしゃいますが，なにかもう
ちょっと，発言いただける方いらっしゃいませんか。

近藤

　私は子どもの本がメインのボランティアをしている市民です。

　いま，杉江さんが大人がもっと本を読んでくれればとおっしゃってましたけ
ど，それはいつも私たちが思っていることでもあります。でも，大人になるま
での子どもはじゃあ，いったいどうすればいいのかっていうか，そうすると小
学校から，学校にきちんとした学校図書館と，木下さんまではいかなくても，
せめて木下さんの 80％ くらいの司書さんがいてくださって，そういうところ
をきちんとできているということがあると，大人も違ってくると思うんですけ
ど。

　大人に読んでほしいと杉江さんは言ったけれども，大人になる前の子どもは
読まないほうがいいということでしょうか？

杉江

　違うんです。読んでたほうがいいんです。

　いまさらですが。

　いま，古典名作本の雑誌というのをつくっているんですけど（『古典名作本の
雑誌―別冊本の雑誌 19』），読むなら若いころから読んで，古典とかそういうの
も十代から読んでいたほうがよかったと思いますよ。

　いまおっしゃったように学校には図書館があって本がちゃんとそろっている
と，現実的な話としては，僕が住んでいたところは春日部の武里っていう準急
がとまらない町の，駅から歩いて 10 分くらいかかるところでしたが，歩いて
30 秒のところに 7 坪か 8 坪の本屋さんがあったし，駅前に本屋さんがあるし，
漫画を買いにそこは回遊しているわけで，本という存在があるということは

知っていたんですよ，5歳，4歳のときから。ただ自分に合わないと思っていただけで。

　ただいまの子たちは，家の近所に本屋さんがないと思うんです。下手したら。

　僕がいま住んでいるところだと，車でイオンに行けば書店さんがあるけど，イオンに行かなければないというのもあって，そういうところで育った子というのは，公共図書館か学校図書館以外に本というのを触れる場所がなくなっていっている可能性が高くて，しかも家に本棚もなかったりしますよね。

　ということは，本という存在を知らないまま，育った子どもというのは，僕が18歳で本に出会ったのとは全然かけ離れたところからアプローチしないといけないんじゃないですか。

　それで，やっぱり学校図書館があったほうがいいし，町の書店さんがあったほうが絶対いいし。なにもかも本は身近にあったほうがいいと思います。

　あと，子どものころから読んだほうがいいです。僕みたいにあとから読むよりは。その積み重ねは，僕，いま，本の編集の仕事もしたりするんですけど，著者の方の知識とかにきちんとした編集者としての受け答えが正直言ってできない。アフリカでこういうことがあってっていったときに，僕は教養がないので，答えられなくて，違うことで著者にプラスになるようにしてますけど，そういう教養みたいなのは積み重ねですから，若いうちから読んだほうが絶対いいと思いますよ。

木下

　お二人も子どものときからの読書についてどう思いますか。

稲葉

　僕が小学校，中学校のときもそうでしたけど，夏休みの課題図書というのは必ずあったし，ということは小学校で6回は触れることがある。中学も高校も宿題でどうしてもある。で，なにかしら読んでいた。でも中身は覚えていない。だから店頭に行って思うのは，若いお父さんお母さんが年配のおじいちゃんおばあちゃんのお財布じゃなくて，親のお財布で子どものために買っていくって

いうときに，なにを買っているかっていうのは，売る手側としては非常に気になりますね。

　本に優劣をつけるわけではないですけど，このお客さんは，発言が不適切かもしれませんが，ちゃんとした教育を受けていらっしゃるのかなーとか，そのときの夫婦の会話とか店員に対する会話とか言葉遣いとか，えてして高い確率でパラレルな状態にあるっていうのは感じます。

木下

　本の中身も含めてということでしょうか。

稲葉

　そうです。

木下

　稲葉さんの場合はご自分で本を読んでこなかったとおっしゃっていたけど，その目利きができるようになったのは，本にたくさん触れているからですか。

稲葉

　映画も本もそうですけど，やっぱり人生こうでなきゃいけないなとか，っていうのは大嫌いなんです。書店員であまりそう言う人はいないんですけど。そういうのが嫌いなんです。

　どちらかというとハリウッドの王道系，本も映画もキーワードはエンターテイメント。

　売るほうも，あなたこういう考え方は違っています。こういうのが本当の人間の生きる道ですとかというのは，商売だから売りますけど，実際は得意ではないです。

木下

　では，最近わくわくした本はなんですか？

40

稲葉

ちょっと前ですけど，月村了衛さんという，幻冬舎から文庫になりましたけど，『土漠の花』（2014）。

木下

なにかの賞にノミネートされましたね。

稲葉

賞になりましたね（日本推理作家協会賞受賞）。
PKOや自衛隊の問題に非常にからむんですけど。

木下

『土漠の花』，うちの図書館に入っていますから。（春日部女子高の先生に向けて）

稲葉

私はあれが好きです。

木下

同じ質問なんですが，わくわくした本はなんですか？

谷口

僕は，中学のときとかあまり本を読まなかったんですけど，なぜか本屋は好きでした。学校まで10分ちょっとくらいの自転車通学だったんですけど，帰り道にヤサカって本屋があって，そこにほぼ毎日，帰り道に立ち寄ってましたね。雑誌見たりとか……。いまになって考えると，なんでそんなに行っていたかよくわからないんですけど。そこで友達と待ち合わせして帰るという習慣がありました。ちなみに，大学生になってしばらくたってから，そのお店に行ったらドラッグストアになっていて，いたくショックでしたけど。

41

で，中学高校時代に読んでいた本はですね，実は，ちょうど僕の中学時代が，角川スニーカー文庫とか，富士見ファンタジア文庫とか出てきた時代だったんですね。ラノベのはしり！

木下

　若い！　若いですねっ！

谷口

　当時読んでいたもので代表的な作品は，『ロードス島戦記』（水野良著，角川スニーカー文庫，1988〜）かな。

　ロードス島戦記は，もともとテーブルトーク・ロールプレイングゲーム（TRPG）ってスタイルのゲームがもとになっているんですが，それで影響受けて，TRPGもめっちゃやってましたね。僕，なにかとクリエイティブなことが趣味なんですが，当時からプレイするじゃ飽き足らず，TRPGのオリジナルルールとか自体をつくってたんですよ。で，そのルールで友達と遊んだりしていた。ビブリオバトルっていうのも，そういう意味では僕の「ゲームのルール作り」という趣味の一環で出てきたのかもしれない。そういう意味では，TRPGの影響をビブリオバトルはめっちゃ受けてると思うんですよ。

　脱線しますけど，「ロードス島戦記」というゲームはグループSNEという団体が母体になってつくっていました。小説版の「ロードス島戦記」は，そのメンバーだった水野良さんが作者なんですけど。そのグループSNEのメンバー山本弘さんっていう方がおられたんですね。山本弘さん自身は，「ロードス島戦記」の世界背景にもなっている「ソードワールド」という作品のリプレイ集を執筆されたりしていました。ある意味で当時は，あこがれの業界の人だったわけです。その，山本弘さんから，数年前に急にメールが飛んできたんですね。ビブリオバトルをノベライズしたいと。「小説書きたいんだけど」って。それで，京都のカフェで打ち合わせることになって。せっかくだから，昔の実家の本棚から「ソードワールド」のリプレイ集を取り出してきて，あるとき持ってきてサインもらっちゃいました。写メとってFacebookにアップしていたら，兄や

友人から「なんやそれー！お前ずるいー！」とか羨ましがられましたよ。世の中，何事も，ご縁だなぁと思いましたね。

完全に脱線でしたけど，僕の読書体験に戻りますね。

ビブリオバトルの話を読書推進の文脈でさせていただくときに，「読書に漫画やラノベから入るのはどうなのか？」と聞かれるときがあります。僕自身は漫画やラノベが入り口で全然かまわないんじゃないかなって思います。自分自身を振り返ると，ラノベの入り口がなかったら，普通の小説を読むようにはなっていなかったかもしれませんね。ラノベを読めるようになると，次にラノベに近いような SF 小説とかが読めるようになって，次にちょっと難しい文学作品や専門書なんかも読むようになったりしますね。

「大人が読むべき」という話ですが，僕自身も本当にそう思っていて，ビブリオバトルでも「大人のビブリオバトル」をどんどん増やしていきたいです。なぜか大人の人とビブリオバトルの話をすると，すぐに「学校でさせる」，「子どもにさせる」みたいな話になるんですが，「なぜ自分たちがする話にならないのか？」と思います。教育って一番いいのは，手本を親とかがみせることだと思うんですね。だから親とか大人が本を読んだり，本を楽しむっていうのは大事なことなんですけど，ついつい，ビブリオバトルも子どもからって言って，大人が，言い出した人間がやらずに，年齢が下の方，下のほうにいきます。子どもはいつも大人の背中を見ているし，大事なのは「先ず隗より始めよ」だと思うんですけどね。

学校導入のときでも，一番まずいのは，先生たちが一切自分たちでやってみることをせずに，生徒にさせることなんですよね。「教育委員会がビブリオバトルをやるべしというので，うちもやらないといけないんです～」みたいな文脈があったりする。でも，子どもにさせる大人自身が一切自分たちでビブリオバトルをやらずに始めると，勘所がまったくわからない。なんだか，子どもたちにとっても「読め！」と押しつけられている感じがする。せっかくのゲームの面白さに水がさされることになります。人間は押しつけられたら抗いたくなるんですよね。特に若者っていうのは「読めっ！」て言ったら「読むかっ！」てなる存在です。

そういうこともあるから，まずは，大人がどんどん読んで，どんどん面白そうに見せるっていうのが大事かなって思っています。

木下

　春日部女子高校に転勤して思ったのは，学校に余裕があるなって。前の学校は本当に忙しく，先生方も同じことを同じようにする決まりがあって，そうしていかないといけない学校でした。

　ところが，春日部女子高校は，伝統校ということもあって，自由裁量ができる。それで，先生方が本をたくさん読んでいるなと思いました。あたり前ですが，本の好みが先生方ごとに違うんですよ。それが司書としてとても面白くて，例えば先生が，授業中に図書館でこういう本を借りて面白かったよと言ってくれる。私の本が出てからも，先生たちが生徒に，「司書さんが本を出したんだよ，知ってる？」って。私が宣伝しないでも宣伝してくれています。昨日，お父さんからお金を預かって来たんだけど，本を売ってくださいって言って，本を買って行ってくれた生徒がいました。学校がきちっとしすぎていると，そこがうまくいかないっていうのもあると思います。

　学校によっては，本を読む時間があったらこれをやりなさいとワークをさせるような学校というのもあると思うんですよ。そこがすごく難しいところかなって思っています。

　地域の本屋の話とかで，ちょうどリブロの春日部店の現店長さんが来ているんですけど，話をふってもいいですか。うちだけでなくて，地域でいろんなことを展開しているお店です。

福川

　ご紹介にあずかりました。稲葉の部下で現店長の福川といいます。

　転勤が2年にいっぺんくらいあるので，いろんな地域へ行ってきたんですけど，東京の小平市では，お母さんのボランティアがすごく熱心で，POPの書き方を教えてくださいって言ってきて，POPの書き方講座やったりとか，横浜のほうにいたときは地域の公民館みたいなところがすごく熱心で，そこが

いっぱい本を買ってくださったりとか，いろいろあったんですけど，春日部に来てこんなに熱心な先生がいることに驚いて。学校に行って見せていただいて，こんなに住みたくなるような図書館を見たことないと，衝撃を受けて楽しかったです。

　いま，春日部のお店の改装ですごく忙しいんですけど，木下先生が「春女生が選んだ春の本」という 20 冊のリストを持って来てくださったり，毎日新聞の方とつながって，書道のフェアをやらせていただいたりということで，先生が火をつけたことでお客さんに発信ができて，それでお客さんも楽しみにしてます。先日，以前，春日部東高校の生徒さんがやったブックフェアのリストがほしい。でも 3，4 年前なんだよねってお客さんがおっしゃってくださって，お店には残ってなかったんで，この春やったリストでよろしければと差し上げたんですけど。地域の方にも広がってはいるなって感じています。木下先生がいらっしゃると元気になるので楽しいです。

木下

　うちだけでなく，春日部市内の学校といっしょに，リブロさんは，いろいろな仕掛けをしています。福川さんの前の店長さんで，いまは違う職種に転勤した，かわいいお姉さんの店長さんがいたんですけど，その人がやり手で，でもその前の店長さんですね。小野さんという方が私のところに「イチオシ本」面白いから，春女とコラボして春の本のフェアみたいなものをやって，春日部女子高校の生徒が選んだ本を POP とか書いてもらって展示したら面白い，と言って声をかけてくださったんですよ。

　それで小野さんとコラボしようと思ったら転勤が速いんで，企画だけで転勤をしてしまい，次に来たのが若い店長さんで，その店長さんとじゃあやろうってことになって，その方がやり手で，最初はうちの学校だけに声をかけてくれたと思っていたんですけど，夏になったら春日部東高校の部活の生徒とフェアをして，冬は春日部高校の生徒と冬のフェアをやり，という感じで，商売上手だなぁと思いました。

　書店さんから仕掛けてくださって，私たち埼玉の高校の場合は地域でいろい

ろネットワークを組んで地域で情報交換とかもしているんですよ。そこで，うちもやったよ，おたくもやった？　ということで，生徒たちが書店に本を見に行ける。

でも，店長さんが転勤をしてしまうので，営業さんが見聞きをするように，転勤情報を探るのが大変です。市立図書館や行政機関もそうなんですよ。なにかつながって連携しようと思ったときに，担当の方の異動はありませんか？と，図書館側がアンテナを高く張る必要があります。

営業なんです，私。すぐにそういうことをしていかないとつながらないし。継続的にやっている「図書館と県民のつどい」とか，そういう事業なんかも，今年やりながら，来年のことをいつも……，いつも考える必要はないんですけど，どうせなら面白くやりたいとか，去年よりパワーアップしてやりたいとかって思っているから，いつも私はそういうことを思っていて，でもそれが楽しいし。きっと司書の人って，意外と楽しいんだけど私がやってもいいのかしらとか，そこまでやるとやりすぎなのかしら，とかっていう足踏みがあって打って出られないところがあるかも。

話は変わりますが，学校ってやっぱり入りにくいですか。

杉江

僕？　入りにくいですよ。もともと行くのも嫌だったんですから。学校は行かないですね。児童書とか教科書とか出していれば会社の営業で行くんでしょうけど。本の雑誌社はないですね。共立女子中学高等学校っていうのが近くにあって取材で行ったことはあるけど，それ以外はないですね。

書店さんより学校さんのほうが敷居が高い。

そうだ，今日は書店員さんに絶対これだけは伝えて来てって言われたことがあって。先生が出しているのか，司書さんが出しているのかわからないけど，課題のときに本のリストを生徒に配るけど，みんなが急にある日突然持ってくる。ところがどっこい，その中に品切れ絶版の本とかが入っている。それで，一冊しかなければそれだけでしか売れない。リストを配布するなら，それこそ勇気を出して生徒が寄りそうな書店さんにはちょっと先に言ってくれると，在

庫は押さえておくし，品切れだったら，買えないから他の本にしたほうがいい
んじゃないですかっていう話をしたいという方は，書店員さんの中でいっぱい
いますね。

木下
　学校はこういうアプローチをされるとうれしいです。

稲葉
　夏休みの課題とかになっていて，ぎりぎりにやるタイプの子がほとんどなん
で，これありませんと，重なってくると書店では，課題図書に近い本って棚に
あればいいほうなんで，当然出版社に発注する。
　お客さんが来るのはだいたい金曜日，土日休みですから，出版社に発注する
のは月曜日，取次屋さんに在庫がなければその週に入ればいいほう。夏休みが
終わってます。
　そういうパターンがあるので，いま杉江さんが言ったように，事前に地域エ
リアの書店さんに，「今度は国語科の先生がこういう課題を出すみたいですけ
ど大丈夫ですか」の一言があると，本屋もウィンだし出版社もウィンだし，取
次も返品がないのでウィンだし。

木下
　学校の場合，重ならければ近隣の学校から借りてしまうという手があるんで
すよ。300冊は無理だけど，そういう課題って一冊の本ということはないんで
す。ここの中から読みなさいというのが多いから。

杉江
　最後に残ったのは読みにくい本だから，本屋さんにないんですよ。

木下
　そうなんです。

47

稲葉

　そのことを言っていたんだなって思っていたわけなんですよ。

杉江

　いきなりリストを持っていて,「イチオシ本」のフェアをやってくださいというのは版元営業から見ても敷居が高いんですよ。30点とか並ぶと。そうじゃなくて,リストを配るんでって行ったら,稲葉さんみたいに一見怖い人が,これあるよないよって言ってくれるんじゃないですか,そういう関係ができてからいいのかなって思います。

木下

　特にあのリブロさんなんかは商業施設の中に入っているケースが多いですが,町の書店さんは,すごく厳しいところがあるじゃないですか。営業するのがなかなか大変とか,おじいちゃんとかおばあちゃんがやってますとか。

　書店さんがうまく学校に売りに来るっていうか,教材って昔そういうのがあったじゃないですか。だからその課題が出たら早めにお願いして,何月何日に販売しますっていうのあってもいいんじゃないかなって,ちょっと思う。

　新潮文庫の夏のフェアの中から本を読みましょうという課題も増えているので,そういうのもありかなーって思ったりもしています。

　いま,高校の話ばかりだったんですけど,小学校司書さんが福川さんの横に座っているので,発言,どうですか?

杉江

　うちの子どもを見てると,小学生のうちは本を読む機会がいっぱいあって,中学校は「朝読書」が始まって,本を読まなかった息子が本を読み始めているんですけど,高校はそういう活動はないんですか。

木下

　ある学校もあれば,ない学校もあります。

生徒の要望もあって，うちの1年生は大英断で，週3日は国数英のプリントで，週2日は朝読書をしています。だけど，朝読書をしない学校で朝から勉強っていう学校もあります。

杉江

すいません。ありがとうございます。

相澤

東京都荒川区の小学校の学校司書をしています相澤めぐみと申します。

私は春日部女子高校の出身です。何十年も前なんですけど。

私も，登壇者の方と同じように本を読まない子でした。なのに司書になっているということに親がびっくりしています。

春女にいたときも図書館に行った記憶は数回で，司書さんの顔も覚えてないくらい。それなので，もちろんやりとりをした覚えもない生徒でした。

自分が司書になって，コミュニケーションの大切さとか，学校生活のいろんな面をみていますので，本が苦手そうな子も，サッカーの話とか，いろんな切り口があって近寄っていけるっていうのが学校司書のいいところです。書店さんだといきなりはできないだろうし，そういうところで，ダイレクトに本が嫌いそうな子，図書館に来ない子でも，廊下ですれ違っても声をかけていいのが学校ですから，子どもに近寄って行けるのはいいところだなって思いながら。

私自身そうでしたけど，読みなさいと言われて，読みたくもない本を読みなさいと言われても読めないところがあって。でも，なにかのきっかけがあって，それも人それぞれで，自分が勤めている小学校時代にそれが来ればうれしいです。でも，そうでない子もいますので，良かれと思ってやっていることの種まきが100％芽が出なくても，いつかもしかしたら，100個まいた種の一つがいつかどこかでという思いで，いまやっております。

私は前任校が，図書館の研究を9年間していた学校でした。学校全体の教員が図書館に目を向けていて，恵まれた環境におりました。その後，昨年度から図書館はさほどというところに異動しまして，そこで初めて自分がどうしたら

いいかなって，いま，考えています。なので，異動したときと木下さんに知り合ったタイミングが一緒だったので，春日部女子高校に遊びに行きました。小学校でビブリオバトルを始めているところです。私と先生が事前に見本を見せるということで私たちのグダグダをみせています（笑）。

こんな感じでよかったでしょうか。

木下

ありがとうございます。

公共図書館で中沢さん，もしよかったら。

中沢

こんにちは。図書館問題研究会の委員長をしています中沢と申します。

私は，小さい町立図書館に勤めていて半分以上教育委員会のほうに行って仕事をしているんですけど，仕事をしている中で，学校司書がいる図書館に期待することっていうのをずーっと考えていて，みなさんの話を聞いていて，考えていたのは，ぐいぐい行く図書館員。でもぐいぐい行くような図書館員っていないさね。群馬弁をしゃべっちゃいましたね。

木下

中沢さんは草津の図書館員なんです。

中沢

草津なんですよ。

ぐいぐい行くような図書館員はいないんですね。で，でもぐいぐい行っちゃうと嫌いな人は中にはいます。子どもたちも離れていく人もいます。でもやっぱりオープンにしているとみんな来てくれて，本の話なんかしなくてもいいんですね。行政書士の方が言ったんですけど，本の話なんか全然なくて，今日なにを食べてきたとか，こういうことがあった，ああいうことがあったとか，そういうところにヒントがあって。

うちは観光地ですから，お父さんやお母さんはずっと働いていて，行くところがなくて図書館に来ているとか。そういう子も図書館にいます。そういう子どもとか大人もそうなんですけど，来て話をして，だんだん大人になっていい感じに育っていく方が図書館をずーっと使ってくれる人になってくれるんですね。生徒さんはそういうところがあるんかなって思います。

我々はぐいぐいしていかないといけないと思うんですよ。おとなしくしていてはいけないと思うんですよ。もっともっと攻めていって。こんな文学作品だから読んでみてーっていうだけじゃ絶対ダメなんです。外に出たり……子どもを連れて外に出てもいいと思うんですよ。それでここの温泉がいいんだよとか，ここの歴史がいいんだよとかそういう話をしてもいいと思うんです。だから，学校も公共も垣根を越えて……図書館を出てしまってもいいと思うし，後は本当にいろいろ話をして，ぐいぐいいく図書館員になってもらいたいです。

ですから「木下通子に続け」で行きますので。

木下

埼玉の若者がいまの言葉を聞いてくれていると思うので。

よろしくお願いします。

話がまとまらないまま時間になってしまいました。最後にお一方ずつ，今日聞いてどうだったかまとめていただきたいと思います。

まとめてというか，話す前と話し終わった後で変わったこととか，みなさんにもう少し伝えたいこととかを話していただいていいですか？

谷口

今日はありがとうございました。

先ほどの草津の話でもあったんですけど，つながることってすごく大事だと思っていて，図書館とか司書さんとかの役割って，結局，子どもとか他の読者とつながっていくこととか，つなげていくことになるんですよね。それはもちろん筆者と読者を本を通してつなげていくことも含みますが。

ビブリオバトルを提案し，いろんな人とお話していて思うんですが，「本」，「人」，「コミュニティ」っていうキーワードが不可避なんですよね。で，特にいまの時代がどんどんそれが求められる方向に向かっている気がします。

　図書館も書店もその役割が問われ直されています。ネットの影響もあって。販路としては，ユーザー側からすれば「ネットで買えばいいんじゃん」とか出てきて。図書館だって読みたい本はネットで検索して，ネットから予約とれたりするし。「じゃあ，図書館や書店っていう『空間』の役割は何なの？」ってなりますよね。インターネット上の空間という，いろんなところから飛んでいけるグローバルな場所と，ローカルな身体性がある空間というか，自らの身体を持っていて動いたり，触ったり，話したりするような場所。「本」に「書かれた情報」に出会うだけならインターネットでも十分かもしれない。でも「人」との出会い，「コミュニティ」の形成，そしてそこを通した「本」との出会い。そんな受け皿として身体性がある空間が重要なんだと思います。

　それともう一つ，知識っていうのは「人」とつながっていると思うんですよね。「人が本の内容を語るとき」っていうか，そういうときに生じる現象ってすごく面白いなって思うんです。本の内容っていうのはある種の文字データなんだけど，人の解釈の仕方によって，その意味は全然変わるんですよね。そこにビブリオバトルにおける「人」をつなぐエッセンスがあって，「人が本の内容を語るとき」本の内容を聞いているのに，その人のことを聞いているような気になるんですよね。本に関する語りと，その人自身についての語りが不可分であるのが本質だなーって思っています。

　いろんな消費行動がネット空間の上に移っていって，都市空間の上などから消えていっています。じゃあ，僕らは未来に実空間の中に何を残していくんだろうって考えたとき，そして，僕らはどういうふうに21世紀の街をつくっていくんだろうって考えたときに，ビジネスや家庭の領域の外側にあるサードプレイスってところが非常に重要だと思うんですよね。

　本の，読書推進の話をすると，まさに人と本とコミュニティっていうのが，つながって見えるし，不可避に出てくるんですよね。21世紀の都市や街づくりのコアになれる可能性が学校図書館であったり公共図書館であったり，書店

にあるんじゃないかなーって思っています。

稲葉

今日はありがとうございました。

いかに本に関係のある人たちとコミュニケーションできるかっていうのが大切だと思っています。

書店でいうなら売り上げを上げる一つの手段ですし，司書さんで言えば，図書館に来ない生徒を連れてくる，いわゆるコミュニケーション能力っていうのは，ものすごく，いま，SNS 世界でない，リアルな世界において大切なんではないかな。

書店の場合は，そこに利益という縛りが出てくるので，咀嚼しながら，利益にならないことでも，1 年先かわかんないけど利益になってくれるところをしっかり裏で電卓たたきながら仕事できるといいなと。

本音で言えばそんな感じですかね。

杉江

「本屋大賞」を始めたときに，きっかけとなる言葉があって。ある町の書店の店長さん，その人は私にいろんな本を紹介してくれて，その人のおかげでいろんな本を読めるようになったんですが。その人が言っていて忘れられないのが，「面白い本を独り占めするな」って言われたんです。

本を面白いと思ったらとにかくいろんなところで言えって，一人ビブリオバトルすればいいって。友達と会ったときに，すごい面白い本があるんだよって勝手に言う，木下さんみたいに。あるいは SNS に面白い本を読んだら書く。それでいいんじゃないかなって。どんどん本の話を言えばいいんじゃないかなって思っています。

みなさん，帰ったらですね，帰ってなくてもいいです。SNS で，最近これを読んで面白かったんだって一言書けば，100 人のうち一人は読むと思うんです。それでいいのかなって最近思っています。

本の話題を世の中に増やしたいです。以上です。

木下

　私たち高校司書は公務員という立場もあって，いろいろ発信しちゃいけないんじゃないかとか，言っちゃいけないんじゃないか，っていう足かせもあると思います。

　稲葉さんが利益をっておっしゃっていたんですけど，学校だって生徒募集が大事だったり，進学実績というのが大事だったりで。例えば進学校だったらいい大学にどれくらい入れるとか，就職するのが多い学校だったら就職先100%とかいって，結局社会の歯車の中で，利益を追求するために乗っかってやっているところがすごい多いと思うんですよ。

　そういう意味では，私が学校司書になった30年前って，学校図書館で貸出を伸ばすっていうのがあまりポピュラーではなく，貸出を伸ばすなんて薄利多売だとか，貸出が伸びるということは，漫画とかライトノベルとか出てきたことなんで，ラノベとか入れないでもっといい本を入れなさいよって。ベテランの司書さんたちに叩かれたり，利用されるだけがいいわけじゃないのよって言われていました。

　でも，利用されないとわからない，利用されることによって見える部分ってあると思うんですよ。そこで，生徒が来て本を借りて行って，本の質が高まるんだってことを，公共図書館のみなさんが「市民の図書館」で語ってくれた上に乗っかって，学校図書館も図書館であるということを言ってきたんですよ。いまも，私は貸出を伸ばすっていうことが重要だと思っていて，それはお客さんが来てくれる書店さんが利益を伸ばすということと同じだと思います。

　そのためには，草の根的な，いつも私たちは本を読んで，その本の内容を子どもたちに伝えることが基本だと思います。でも，いろいろな業務をこなしながら本を読むのは苦しいから，その大切さを学校司書になった新人さんにどんなふうに伝えていったらいいかなって思っています。

　今日，こんなにバラバラな話から，本をみんな読んで，みんな発信していきましょうって話につながっていってうれしいです。無理やりまとめている感じがありますが。

杉江

　好きな本を勧めて読んでもらうって，面白かったよって言われるとめっちゃうれしい。

木下

　あたり前ですが，本が好きなんだよね司書さんも，っていうような……わかりますか，このニュアンス。本好きで司書さんになったんだよね。

杉江

　出版社もそうですね。

木下

　そうなんです。

　だから，そういうところで本の話をもっとしたいし，埼玉も県立図書館を含めていろんな図書館で本の話をして行くんだけれど，もっと具体的な本の話をしあって，そこで紹介した本を地元の書店さんで買ってもらえるようにうまくつながって，書店さんと一緒にビブリオバトルをやってと，本を通してつながって，楽しくやっていけたらいいなって思います。

　では2時間にわたるトークセッションでした。ご登壇いただいたみなさま，会場のみなさまありがとうございました。

トークセッション★資料1

○祝辞から

長谷川　優子　埼玉県立久喜図書館 副館長

　ご出席のみなさん。そして木下さん，このたびはご出版おめでとうございます。私は木下さんが持っている多彩でたくさんある力の中で，うらやましいものが二つあります。

　それはまず一つ。木下さんが話すのが上手なのは多くの方がご存じです。ブックトークもビブリオバトルの司会も見事です。しかし彼女はそんなふうに話すだけでなくて，書くのも話すように滑らかに書けてしまうんです。これはすごいなと思っていました。もう一つは，彼女の天性のものかわからないのですが，きらきらと輝くような明るさです。この仕事は楽しい。そのオーラに満ち溢れていて，満ち溢れすぎてたまにこちらがたじろぐほどです。しかし実はこの出版された本を読むと，必ずしもそればかりではなかったことがわかります。

　だからこそ，高校生といういわば悩み多き人たち，人生の多き分岐点にある人たちのその向こう側から，読むことはすごく楽しいんだよって大きな声で届けとばかり叫んでいる，その存在がものすごく大きいですね。

　小さな人たちに語られる「山の上の火」という話がありますが，そのお話の中で，となりの山でででしたか，離れた山でずっと火を燃やし続けている。その火を燃やし続けている人を考えれば寒くはないよという，そんな感じの木下さんですね。

　書いてくださったこの本の中で，特に深く深くお礼を申し上げたいのは，埼玉県の学校図書館と埼玉県の学校司書について語ってくださったことです。それは学校司書の法制化がされるずっと前から，私は学校図書館で長く育ちました。ほかの図書館の方たち，本にかかわる方たち，いろんな人たちとお話す

る中で学校司書の仕事，その責務がいかに伝わっていないかということを強く感じました。まだ県立図書館に転任する前，全国の県立図書館に，学校図書館との相互協力について調査をしていただいたことがあります。で，その調査での各県立図書館の担当の方からのお答えが，全部ではないが，「埼玉はどう答えたか覚えてないけれども，学校図書館とは相互協力はありえない，支援しているんだ」。つまり，対等の関係ではないんだ，学校のように資料が少ないところを県立図書館は支えてやってるんだという回答が多かったんです。しかし私は学校図書館で育ったものとして，非常に怒りを覚えました。なぜならば，木下さんも書いているとおり，高校の図書館，中学校の図書館はいわゆるヤングアダルト専門図書館です。そこに働く司書は，ヤングアダルトサービスの第一線にいる専門家なんです。どうしてその専門家たちの力と協力して，さらに図書館サービスを大きくしないのだろうと思っておりました。しかし，その背景には学校図書館側にも大きな欠点がある。私たちは決して私たちの活動を外に発信してこなかったなー，図書館の中だけで，学校図書館の世界の中だけでどんなに熱く語ったとしても，それは外には伝わっていかないんだなーとありありと感じました。

　それから私は日本図書館協会。これは図書館界の一つの協会ですね。こちらで『図書館雑誌』という機関誌の編集にあたることにしました。そこで，私の一貫するテーマは，学校図書館の最前線のいまを，そこに働く人たちの力をしっかり示していこうというのが私の願いです。そしてもう一つ，ウェブの上でも東京学芸大学学校図書館専門委員会の力を借りて，学校図書館活用のデータベースをつくることができました。そして，いま，ここでなによりも力のある本として，学校司書の日常が見事に描き出されたことに本当に深く感謝しています。きっときっと，これで多くの人が，学校図書館にいる司書はこういう力があり，そして，それは公共図書館の司書がつくってきた利用者に対するサービスのもう一つ先を示していくものだと思います。

　そのヒントは『読みたい心に火をつけろ！』の中でいくつも出てくるのですけど，生徒の問いに本を手渡すそのときだけではなく，その人の大きな人生の

ライフステージのゴールまで一緒に気持ちは伴走していくんです。伴走者としての司書のサービス。それは次の図書館の新しい世界を開く鍵だと信じています。少しだけ公共図書館の話をさせてもらうと，最前線にある課題解決型の図書館。それにはやはり一人一人のライフステージ上の大きな課題を伴走していく人の存在が必要なんではないかと思われます。木下さんは人と本をつなぐこの基本をきちんと守ってきた方です。それだけではなくて，ここにお集まりの方々があらわしているように，人と，本というより，本の向こう側にいらっしゃる作り手，書き手とつないでいかれたと思います。

　そして今日も，この会で人と人をもっともっとつなげようと目論んでいるのだと思います。この目論見に今日は甘えてしっかりのっていきたいと思います。このときを楽しみたいと思います。本日はおめでとうございました。

トークセッション★資料2　来場者名簿

相澤めぐみ	日本学校図書館会理事・荒川区第六瑞光小学校司書
飯塚　妙子	埼玉県立春日部女子高等学校
石黒　順子	公益社団法人日本図書館協会 学校図書館部会幹事・埼玉県立越ヶ谷高等学校主任司書
市岡　秀基	東京都行政書士会
稲葉　順	株式会社リブロ 東日本第3エリア長
大久保元博	株式会社リブロ 代表取締役社長
荻原　俊文	埼玉県立熊谷図書館 副館長
奥澤　修武	埼玉県立春日部女子高等学校
奥澤　誠	奥澤書店 代表取締役
筧　美和子	埼玉県立春日部女子高等学校
清田　義昭	出版ニュース社
国重　清香	社会福祉法人埼玉福祉会
倉本　智子	埼玉県立春日部女子高等学校
後藤　敏行	日本女子大学家政学部経済学科 准教授
近藤　幸子	浦和子どもの本連絡会
坂井　香菜	株式会社図書館流通センター ふじみ野市TRC学校司書チーフ
設楽　敬一	公益社団法人全国学校図書館協議会 理事長
杉江　由次	本の雑誌社・NPO本屋大賞実行委員会 理事
鈴木　章夫	栃木県教育委員会事務局生涯学習課 主任
鈴木　洋一	株式会社リブロ 外商部
須永　和之	國學院大文学部日本文学科 図書館学教授
瀬間　勉	玉川大学出版部 顧問
高見　京子	公益社団法人全国学校図書館協議会 スーパーバイザー
武井早和美	埼玉県立春日部女子高等学校
谷口　忠大	立命館大学・一般社団法人ビブリオバトル協会 代表
谷嶋　正彦	学校図書館問題研究会 前代表・大阪信愛女学院図書館
保　かおり	埼玉県立大宮中央高等学校 主任司書
戸田　幸子	学事出版株式会社
中沢　孝之	図書館問題研究会 委員長
並木　則康	社会福祉法人埼玉福祉会 理事長
西浦大治郎	埼玉県高等学校図書館研究会 会長

	埼玉県立宮代高等学校 校長
長谷川優子	埼玉県立久喜図書館 副館長
福川　麻子	株式会社リブロ ラガーデン春日部店 店長
福富洋一郎	図書館友の会全国連絡会 会長
穂積絵理子	埼玉県立伊奈学園総合高等学校 主任司書
前澤　慎也	栃木県立図書館 主任
松井　大助	フリーライター
松岡　要	公益社団法人日本図書館協会
松村　幹彦	株式会社図書館流通センター仕入部 主任
峰岸まり子	埼玉県立熊谷図書館 司書主幹
宮崎健太郎	学校図書館問題研究会 事務局次長・入間向陽高等学校司書
村田　和也	社会福祉法人埼玉福祉会
山賀　良彦	東京都行政書士会
山下真智子	株式会社岩波書店
山本　春枝	埼玉県立春日部女子高等学校
横井真木雄	株式会社吉川弘文館
吉田　光雄	株式会社さ・え・ら書房 営業部長
吉田　美保	群馬県立図書館
渡辺　仁	株式会社図書館流通センター 埼玉営業部 部長

トークセッション★資料3

書評：『読みたい心に火をつけろ！』
木下通子著　岩波ジュニア新書　2017/6/21 発行

飯田　寿美 日本図書館研究会事務局

　多くの学校司書がいる中で，著者の特徴は，躊躇なく人とつながろうとすること。活動初期の赤川次郎から始まって，ビブリオバトルの創始者や「イチオシ本」に選ばれた作家に至るまで，それまで培った人脈を活かして声をかけ，メッセージをもらい，一緒に楽しんでしまう。もちろん市民や図書館関係者ともつながって，そこで学んだことが「ぐるっとまわって」自校の学校図書館活動に活かされていくと語る。持ち前のキャラクターを全面に出して，「専任・専門・正規」の学校司書に何ができるかを，この本は見せてくれる。

　第1章「何かおさがしですか？」で学校図書館の日常を，第2章「学校全体で『読む』を育む」ではビブリオバトルの魅力を描く。第3章「地域で『読む』を支える」で埼玉県の学校図書館の歴史を綴り，第4章「人と本がつながると，人と人がつながる」では途絶えていた司書採用試験再開の過程を記す。第5章「『読む』ことって何だろう？」で本を読んでほしい気持ちを熱く伝え，各章間のコラムで学校図書館の基本的で重要な働きをまとめている。

　何よりも評価したいのは，自らのかかわってきた埼玉県の学校図書館史をここに記録したこと。1958年埼玉県高等学校図書館研究会ができて，学校司書の公費化を要求，1979年には全日制高校に全校配置，ところが1975年から続いていた県立図書館との司書一括採用試験が2000年に中断。1985年に採用された著者は，同年結成された学校図書館問題研究会などから刺激を受け，1989年の「埼玉県小中学校図書館聞き書き調査」にも参加，1992年「学校図書館を考える・さいたまネットワーク」の結成にも加わる。

2007 年には県立図書館のイベント「図書館と県民の集い埼玉」に参加したほか，各地の住民とのイベントにも顔を出し，その中で学んだことを実践に活かす活動を続けながら，採用試験の再開に向けて 2011 年「埼玉高校図書館フェスティバル」を開催。2012 年に採用試験が再開されたあとも，2010 年から始まった「埼玉県の高校図書館司書が選んだイチオシ本」を続けている。

こうした言わばローカルな歴史は，当事者の記憶にだけ残って，ほかに伝わらないまま忘れられていくことが多い。しかし，一見微細な出来事が今に大きく影響を与えたり，困難を脱する力になったりすることを，図書館で働くものは知っているはずだ。東京に近いという地の利も活かして学び活動し，受けた刺激を取り入れてよりよい学校図書館を仲間とともにめざしてきた著者だからこそ記録できたことも多い。いつか，ここに記されなかったもっと細かい事象も含めて，きちんとした「途中経過」の資料がまとまるとよいと思う。

著者は「体験していないことは想像できない」と言って，学校司書のいる高校図書館に来た生徒が目を丸くして，楽し気な蔵書に，プライバシーの守られる貸出方式に，予約やリクエスト制度に驚く様子を書いている。今，小・中学校に「人」が置かれるようになってきている。何校も兼務したり，週に数日だったりという大変不十分な配置条件が多いが，もし理想的な形の学校司書が全国の小・中学校に置かれるようになったとしたら，高校図書館はどう変わるのだろうか。少なくとも貸出方式やリクエスト制度に驚いてはくれないだろう。その時に残るのは，著者の言う「ヤングアダルト世代の本の専門家」であることと，本書 193 ページの愉快な挿絵のように，一般の人とは違う「本の読み方」ではないか。小中高そして大人への流れの中の学校図書館の役割を知る著者ならではの視点である。

これはきっと同業の学校司書が一番面白く読む本。著者が「どこからでも読んで」と呼びかけている中高生には，第 5 章とコラムを組み合わせたものが興味を引くし役に立つだろう。タイトルは「学校図書館大活用術」で。文科省に「生命・健康・安全にかかわるものではない」と言われてしまった学校司書の本当の姿を熱く伝える反駁の本が，新たに生まれることを期待したい。

おわりに

木下　通子

　このブックレットは，7月1日に行われた『読みたい心に火をつけろ！』出版トークイベントの記録です。拙著のあとがきでも触れましたが，いま，私は，子どもの貧困がとても気になっています。私が特に気になっているのは，貧困で大人に経済的余裕がなくなることで，子どもの想像力を育む「文化」的な部分が欠落することです。スマホやSNSが普及していく中で，子どもと本との関係が，昔よりずっと希薄になっている気がするのです。子どもたちが幼稚園や保育園に通っている間は，お家に一冊も本がなかったとしても，読み聞かせをしてもらい，本に触れ合う機会があるでしょう。ところが，小学校に入ると読み聞かせをしてもらう機会も減って，本に触れ合う機会がぐんと減ります。運よく，本好きの先生に出会った子どもは読み聞かせをしてもらえるでしょう。しかし，先生が変わると，その機会がなくなる場合もあります。

　もし，小学校の図書館に，本をよく知り，子どもの様子がよくわかり，授業や先生の要望に応える資料を提供できる学校司書がいたら，図書の時間に読み聞かせをしたり，その子にあった本を勧めることで，子どもが本と出会う機会ができるでしょう。学校図書館は，「本」と「人」をつなぐのが仕事なのです。

　もう一つ，とても重要だと思っているのが，「図書館の自由」です。

　子どもにも自分の好きな本を読む権利があり，表現の自由がある。ビブリオバトルも本来は自由なものですが，学校という場に入ると急にかしこまった形になって，スピーチコンテスト的なイベントに変身してしまう。学校というのは，意外と閉鎖された社会なのです。そんな中で，子どもの読む自由や権利を保障するためには，私たち大人がいつもそのことを意識していなくてはいけません。

　さて，今回のトークセッションでは，3人のみなさんから本についてのお話をうかがいました。

3人の方が共通しておっしゃったのは，"大人よ，もっと本を読め！　そして，つながっていけ！"ということだったのではないでしょうか？

　谷口先生は，学校でビブリオバトルをする場合，子どもにだけやらせるのではなく，大人もそこに入っていっしょに楽しんで！　と発言されています。図書館でビブリオバトルをするときも，司書がまざればコミュニケーションが広がるし，生徒にも司書のことを知ってもらえるし，生徒に読んでほしい本を，ビブリオバトルを通して紹介することもできる。そして，空間としての図書館の役割。インターネット上の空間という，いろいろなところから飛んでいけるグローバルな場所と，自分が動いたり，話したりできるようなローカルな身体性がある空間として，図書館が求められている。「本」に「書かれた情報」に出会うだけならインターネットでも十分かもしれないけれど，「人」と出会い，「コミュニティ」を形成し，そしてそこを通した「本」との出会いの場として，学校図書館に期待しています，という言葉は，現場の人間として重いものでした。

　リブロの稲葉さんのお話の中で特に印象に残ったのが，新人さんに本の売り方を教える話です。出版社から自動的に配本される本でなく，自分の好きな本，棚にない在庫にない本を一番いい場所に自分で注文しておいてごらんと新人書店員さんに伝え，その本が売れたときにめちゃめちゃほめる。新人さんがその喜びを感じてしまったら，また，自分が選んだ本をお客さんに買ってもらいたい，読んでもらいたいという気持ちでいっぱいになってしまいますよね。この感覚は，学校図書館の活動と，とても似ています。自分が選んだ本を，生徒に紹介して，借りてくれる生徒がいて，面白かった！　よかった，と言ってもらえたら，また，次の本を紹介したくなる。書店員も学校司書も，本と人をつなげたいという思いはいっしょなんだと感じたお話でした。稲葉さんが司書のいる学校図書館に期待するのは，本に興味がない人にこそ，図書館や書店に足を向かせてほしいということ。責任重大ですが，頑張りたいと思います。

　高校を卒業するまで，本を読んでこなかったとご自身のエピソードから話を始めた本の雑誌社の杉江さん。高校を卒業し浪人中に，友人から紹介された2冊の本をきっかけに，本の世界に魅了され，本にかかわる仕事につきます。そんな杉江さんは，家庭や学校でもっと本の話ができるようになれば，みんなもっ

と本を読むようになるだろうと発言されています。SNS だろうが，飲み会の席だろうが，大人がスマホをいじるのをやめて本を読めば，子どももきっと本を読むだろうと。杉江さんたちが「本屋大賞」を始めたときに，ある町の書店の店長さんに，「面白い本を独り占めするな」と言われたそうです，面白いと思ったら，いろんなところで，この本が面白かったと話をして，「本」と「人」をどんどんつなげていく。学校図書館の学校司書の仕事の醍醐味は，まさにここでしょう。

　「本」と「人」をつなげる。
　文字にしてしまうと簡単ですが，実際やろうとするととても難しい。
　つなげるためには，つながる相手が必要で，一人ではできないからです。
　学校司書の専門性についての議論もそうです。現場の学校司書，司書教諭，研究者，公共図書館員，市民，それぞれがそれぞれの立場で，学校司書の専門性について，いま，論議を重ねているところですが，各団体の立場があって，中身を共有するのが難しい。それならば，そのような組織に属していない「本」と「人」をつなげることを実践している方に，「学校司書のいる図書館へ期待すること」を自由に語っていただき，その時間をみなさんと共有できたら。そう考えて，今回のイベントを企画しました。
　参加者名簿を見ていただくとわかるように，当日ご来場いただいたみなさまは各団体の代表を務めるみなさまです。お忙しい時間を割いて，ご来場いただいたことにとても感謝しています。

　さて，それぞれの発言を受けて，私たち学校司書は，なにをすればいいのでしょうか。
　まずは，自分の学校図書館に受け入れた本（資料）をきちんと読むこと。児童・生徒と話をすると，司書が本を読んでその本を紹介しているのか，そうでないのか，伝わってしまいます。事務作業も多い中，本を読むのはしんどいこともありますが，きちんと読んで，評価していくことをしていきたいと思います。

そして，自分が読んだ本について，楽しく書いたり語ったりすること。この「楽しく」というのがとても重要で，そうすることで，本に興味がない生徒が，図書館に足を向けてくれるきっかけになるかもしれません。

　繰り返しになりますが，私がいま，心から望んでいるのは，小学校図書館に学校司書をということです。学校図書館に，本のこと，子どものことや教育のことがよくわかっている専門家がいること，そして，その人がいつも図書館のことを考えることができること。そうすることで，「本」と「子ども」「教師」をつなげていくことができるのです。

　すべての学校図書館に，専任で専門のそして，できれば正規の学校司書が配置されることを願ってやみません。

　最後になりますが素敵なブックレットに仕上げていただいた日本図書館協会出版部のみなさま，本当にありがとうございました。お礼申し上げます。

読みたい心に火をつける！実行委員会メンバー

玉井　　敦（実行委員長）　埼玉県立春日部東高等学校 司書
新井　直也　埼玉県立小川高等学校 司書
青木まい子　学校法人 佐藤栄学園栄東中学・高等学校 司書
伊藤なつみ　学校法人 愛知淑徳中学校・高等学校 司書
大江　輝行　学校法人 自由の森学園中学校・高等学校 司書
篠山　亜美　埼玉県立松山女子高等学校 司書
立木　茉梨　埼玉県立志木高等学校 司書
松山　裕輝　埼玉県立新座高等学校 司書

■あとがきに代えて

玉井　敦「読みたい心に火をつける！」実行委員会　実行委員長

　本書は，木下通子さんの著書『読みたい心に火をつけろ！』の出版を記念して開かれた，トークセッション「学校司書のいる図書館に，いま，期待すること」の記録です。

　当初は「身内でお祝い会でも開こう」という，ささやかな企画であったはずなのですが，こうして記録を出版することになっているのだから，実行委員長としては，ずいぶん大事になったなあと思うばかりです。

　慣れない運営にもかからず，快くご参加いただいたみなさまと，頼りない実行委員長を助けてくれた実行委員・関係者の方々に，心よりお礼を申し上げます。

　木下さんの「著書を通じて，人と人がつながる場をつくりたい」という願いが，このイベントを生み出しました。その「つながり」が新たな風となり，より多くの心についた火を燃え上がらせると信じて。

　本書も，その一助となれば幸いです。

■謝辞

　本書をつくるにあたり，多くの方々にご協力をいただきました。深謝します。

・写真提供・監修　佐々木清隆　氏
・日本図書館協会事務局出版部

JLA Booklet no.1 ···

学校司書のいる図書館に，いま，期待すること

2017 年 10 月 31 日　初版第 1 刷発行
定価：本体 1,000 円（税別）

編者：読みたい心に火をつける！実行委員会
編集・本文レイアウト：大江輝行，木下通子
表紙・本文イラスト：青木まい子
発行者：公益社団法人　日本図書館協会
　　　　〒 104-0033　東京都中央区新川 1-11-14
　　　　Tel 03-3523-0811 (代)　　Fax 03-3523-0841
印刷・製本：㈱丸井工文社

JLA201715　　ISBN978-4-8204-1711-8　　　　　　　　　　　Printed in Japan
本文用紙は中性紙を使用しています